Fiston
Le testament de conseils
de Jonathan Roberge
est le mille soixantième ouvrage
publié chez
VLB ÉDITEUR.

D1215088

CRÉDITS

DIRECTION LITTÉRAIRE : VÉRONIQUE MARCOTTE
DESIGN ET DIRECTION ARTISTIQUE : ATELIER BANGBANG (SIMON LALIBERTÉ)
PHOTO DE L'AUTEUR : MAGGIE BOUCHER
RÉVISION LINGUISTIQUE : ÉLYSE-ANDRÉE HÉROUX
CORRECTION D'ÉPREUVES : MARYLÈNE KIROUAC

Catalogage avant publication de Bibliothèque et Archives
nationales du Québec et Bibliothèque et Archives Canada

Roberge, Jonathan, 1983-
    Fiston
    ISBN 978-2-89649-649-5
    1. Roberge, Jonathan, 1983 - Famille - Humour.
    2. Pères et fils - Humour. I. Titre.
    PN6231.F37R62 2015   C848'.602   C2015-941543-8

VLB ÉDITEUR
Groupe Ville-Marie Littérature inc.*
Une société de Québecor Média
1055, boulevard René-Lévesque Est
Bureau 300
Montréal (Québec) H2L 4S5
Tél. : 514 523-7993, poste 4201
Téléc. : 514 282-7530
Courriel : vml@groupevml.com

DISTRIBUTEUR
Les Messageries ADP inc.*
2315, rue de la Province
Longueuil (Québec) J4G 1G4
Tél. : 450.640.1234
Téléc. : 450.674.6237
* filiale du Groupe Sogides inc.,
    filiale de Québecor Média inc.

VICE-PRÉSIDENT À L'ÉDITION : MARTIN BALTHAZAR

VLB éditeur bénéficie du soutien de la Société de
développement des entreprises culturelles du Québec
(SODEC) pour son programme d'édition.
Gouvernement du Québec – Programme de crédit d'impôt
pour l'édition de livres – Gestion SODEC.
Nous reconnaissons l'aide financière du gouvernement du
Canada par l'entremise du Fonds du livre du Canada pour
nos activités d'édition.
Nous remercions le Conseil des arts du Canada de l'aide
accordée à notre programme de publication.

DÉPÔT LÉGAL : 3ᴱ TRIMESTRE 2015
© VLB ÉDITEUR, 2015
TOUS DROITS RÉSERVÉS POUR TOUS PAYS

FISTON

— LE TESTAMENT DE CONSEILS —

JONATHAN ROBERGE

FISTON

LE TESTAMENT DE CONSEILS

vlb éditeur
Une société de Québecor Média

Pour Xavier

TABLE DES MATIÈRES

SALUT
FISTON

SALUT FISTON !

C'est moi. Ton papa.

La première fois qu'on s'est retrouvés seul à seul, ta mère était sortie faire des courses. Première fois qu'elle prenait de l'air depuis l'accouchement. C'était amusant de se retrouver entre gars, juste toi et moi, pour la première fois depuis ta naissance. J'avoue que tu as pleuré la majorité du temps, temps que j'ai passé à vérifier nerveusement ta couche pour être certain que tu ne t'étais pas étalé un dégât jusque dans le milieu du dos. Parce que, Fiston, tu es minuscule, mais tu peux éjecter de surprenantes chiasses qui te beurrent un pyjama à pattes en moins de deux. On ne peut s'imaginer combien un bébé défèque tant qu'on en n'a pas eu un. Mais ce que je pensais des chiasses de bébés ce jour-là, c'était pas ton plus grand souci. Ç'a été facile de me rendre compte, après quelques minutes à jouer avec toi, que ce qui t'intéressait le plus, ce n'était pas moi, mais bien te rentrer un orteil dans la bouche, brailler et boire du lait.

Avant de partir, ta mère a tiré son lait avec une petite machine. C'était étrange. Nous étions, ta mère et moi, assis à la table de la cuisine, et un bruit de robot rythmait le malaise comme le métronome du mauvais goût. Des genres de petites ventouses aspiraient le bout de ses seins super fort, et les gouttes de lait tombaient dans un petit contenant. Elle feuilletait une revue de madames, bien relaxe, en se faisant tirer le lait par un genre de mini cyborg suceur de téton. Moi, je mangeais mon grilled cheese et j'essayais de faire comme si de rien n'était, mais c'était impossible de ne pas fixer Robocop qui trayait ta mère.

C'est grâce à cette super technologie que j'ai pu te nourrir une fois qu'on s'est retrouvés tous les deux tout seuls. Je me rappellerai toujours de ce moment-là. Pendant que tu tétais le biberon, je claquais des doigts autour de ta tête pour voir si tu n'étais pas un peu retardé. Je testais tes réflexes. J'avais tellement peur que tu sois un peu moins vite que les autres ! Parce que d'après mes calculs, ta conception a eu lieu le lendemain de mon extraction de dents de sagesse. J'étais gelé sur les médicaments, et ta mère revenait un peu « chaudaille » d'un 5 à 7. J'étais persuadé que mes testicules n'avaient pas produit des spermatozoïdes top qualité et que les ovaires de ta mère baignaient dans le mojito. Je me disais : médicament + alcool = Courtney Love. Et quand tu regardes Courtney Love, tu constates rapidement qu'elle n'est pas la plus brillante de sa portée.

Mais toi, par chance, tu es normal.

Plus tu vidais ton biberon, plus tes paupières devenaient lourdes. Ta succion ralentissait. Je t'ai collé contre mon torse et j'ai tapoté ton petit dos. Tu as généreusement régurgité sur mon chandail de Maurice Richard. On s'est souri l'un à l'autre. Enfin, je crois.

C'était beau.

Dès que je t'ai entendu ronfler, je t'ai déposé dans ton berceau et je suis retourné au salon pour flâner sur le Web. Après un moment, je suis tombé sur des études qui parlaient des différentes façons de mourir. Ce que j'ai lu m'a fait paniquer.

C'est là que j'ai pris la décision de te léguer ce testament de conseils.

D'après des études « officielles » — et Dieu sait que des études trouvées sur Internet, ce sont assurément des études « officielles » —, j'ai 40 % de risque de mourir d'un cancer; 33 % de risque de mourir d'un arrêt cardiovasculaire ; 15 % de risque de faire un infarctus lors d'un événement sportif ; 1 chance sur 2 millions de mourir en tombant en bas de mon lit ; une chance sur 5 milliards de recevoir des débris de satellite sur la tête ; une chance sur 17 000 de me faire frapper par une voiture quand je vais travailler à vélo ; 0,07 % de risque de mourir d'une crise cardiaque en me masturbant ; une chance sur 100 000 d'être impliqué dans un accident d'avion, et 1,9 % de risque de mourir des suites d'une piqûre d'insecte dangereux. Si j'additionne tous les chiffres, ça donne un total d'environ 238 % de risque de mourir au cours de ma vie. C'est quand même effrayant, non ?!

Je venais tout juste d'avoir un enfant, je profitais d'un congé parental payé, bien peinard à la maison. Linge mou et crottes d'yeux, câlins, couches et bonheur familial. Voilà qu'une étude poche venait de me faire réaliser que je pouvais partir à tout moment, abandonner mon fils, le laisser seul dans ce monde hostile. Soudainement, tu es devenu mon *gauge* à ligne du temps. Je me suis senti vieillir d'un seul coup. Mon aiguille indiquait maintenant que j'étais devenu une grande personne et que toutes les maladies du monde étaient à ma portée. Mon inscousciante jeunesse était loin derrière.

C'est pour cette raison que j'ai décidé de te léguer ces conseils, au cas où je mourrais brusquement. Si jamais je meurs et que tu as des questions durant ta vie, au moins ce livre pourra t'aider à trouver certaines réponses. Je suis loin d'être un écrivain, ça risque d'être écrit n'importe comment, et pardonne-moi si parfois je suis vulgaire. Je te lègue mon savoir du mieux que je peux, mon fils. Ce testament de conseils pourra te guider tout au long de ta vie. Si tu le perds, ne panique pas, je t'ai tout mis ça sur vidéo aussi. Tu n'as qu'à demander à oncle Bobby, il te donnera toutes les capsules.

J'espère donc, cher fils, que ce testament de conseils te guidera tout au long de ta vie, et que tu le liras avec le même sérieux que j'ai mis à l'écrire.

01. TU ES NÉ HOMME

Le matin de l'échographie, j'étais anxieux à l'idée de découvrir ton sexe. D'abord parce que je suis meilleur pour apprendre à quelqu'un à faire des slapshots qu'à faire des tresses. Ensuite, parce qu'un de mes amis a eu une petite fille, et sa femme le chicane tout le temps car il ne se rappelle jamais dans quel sens qu'il doit faire glisser la débarbouillette quand il lave son entrejambe. Vagin-cul ou cul-vagin. Pas besoin d'être astrophysicien pour comprendre ça, mais c'est un stress que je n'étais pas prêt à gérer avec un premier enfant. Je suis déjà assez sur les nerfs, pas envie d'avoir une vaginite de bébé sur la conscience.

Nous étions dans une pièce froide d'une clinique de Laval. Il y avait des affiches de corps humain un peu partout et des outils de médecin suspendus aux murs gris et tristes. L'infirmière est entrée en affichant un beau pas-de-sourire. Ta mère et moi posions en style photo-démo-de-cadre-neuf. (Quand tu achètes un nouveau cadre, il y a toujours des photos de gens trop heureux en démonstration à l'intérieur. Eh bien, Fiston, nous étions comme ces gens : je tenais la main de ta mère et on souriait comme des épais.) L'infirmière a enduit la bedaine de ta maman avec une grosse floppée de gel, elle a posé une caméra de la NASA sur son ventre et elle a cherché ta bizoune. Puis elle a cherché. Ensuite elle a cherché encore, allant jusqu'à appeler une autre infirmière, et même un médecin. Ils cherchaient en gang. Ils fixaient l'écran et pointaient le barbeau numérique que tu formais. Ils disaient que tu étais mal placé pour qu'on puisse voir ton sexe, mais moi, je savais, je savais que ce n'était pas une question d'angle... Je suis vraiment désolé, mon fils, je m'excuse pour mes gènes, je sais bien que je ne t'ai pas refilé de gros attributs. J'y peux rien. Nos ancêtres ont dû s'accoupler dans l'eau frette, et depuis ce temps-là on se promène avec une verge de taille « bof correct ».

Tout de même, après quelques secondes à inspecter l'intérieur du ventre de ta mère, une des infirmières s'est retournée vers nous et a froidement lancé :
— Je pense que c'est un garçon.
J'ai donné deux trois coups de poing dans le vide en lâchant entre les dents :
— Oui monsieur !

Ensuite, on nous a expliqué ce que nous regardions. Pour être honnête, je comprenais rien. C'était n'importe quoi en noir et blanc, un peu comme les images du test de Rorschach qu'on montre entre autres aux criminels.

L'image de la forme de ton corps, ça me rappelait ce que ça donne quand une personne s'assoit sur une imprimante pour photocopier son cul.

Mais commençons par le début.

Tu es un petit garçon. Tu feras donc des choses incontrôlables en tant que porteur du chromosome XY. Il est important de ne pas paniquer. C'est normal, c'est génétique. L'homme est capable du meilleur comme du pire. Il se croit supérieur car il est allé sur la Lune, mais il a peur de descendre dans un sous-sol sombre pour aller se chercher une liqueur un soir d'octobre.

Un gars, quand ça revient de l'épicerie, ça fait la parade du mâle alpha : rapporter tous les sacs d'un seul coup de son char jusqu'à la cuisine et se foutre éperdument des petites bosses blanches qui se forment dans ses plis de doigts. Tu seras un jour cet homme. Tu vas regarder tous les sacs dans ta valise de char comme si c'était un défi et tu vas les prendre AU COMPLET avec un sentiment d'obligation de tout prendre par galanterie, mais surtout pour montrer à ta douce que tu es un mâle alpha, un vrai. Les hommes ne chassent peut-être plus le mammouth à coup de roches, mais ils ont toujours besoin de montrer leur force dans des petits gestes du quotidien, comme avancer en pingouin avec des sacs remplis de pizzas congelées pis d'eau de Javel sous le bras. Tu ne sauras pas pourquoi tu le fais, mais ça sera plus fort que toi : tu vas prendre huit sacs par main et marcher en faisant des petits pas secs de gars qui transporte un frigidaire. Dans la cuisine, la parade du mâle alpha se poursuivra. Tu vas forcer à en avoir les veines du cou sur le bord d'éclater, et tu lèveras tous les sacs en même temps pour les foutre sur le comptoir en lâchant un son grave venu du fond de ton ventre, le même que tu lâcherais si tu soulevais une pépine. Heureux, tu vas souhaiter que ta blonde t'ait vu, mais non : elle sera en train de détacher ses bottes en regardant le courrier qu'elle vient de prendre dans la boîte aux lettres. Tout ça pour rien ? Non, TOI, TOI ! tu sauras que tu es capable de transporter beaucoup, beaucoup, beaucoup de sacs.

Un homme, un vrai, ça éduque ses enfants avec classe. Ça respecte sa femme. Ça reste conséquent. Un homme, un vrai, ça accepte de pleurer en public, même si c'est laid. Car oui, Fiston, un jour, tu vas brailler en public (enterrement, diagnostic de maladie, élimination de ton équipe de hockey). Tu réaliseras qu'on n'est pas aussi poétiques que les femmes qui pleurent, avec une belle petite larme qui coule le long de leur joue. Non ! Quand on braille, on émet des sons d'orang-outan, on se pince entre les deux yeux, on penche la tête pis on morve en secouant les épaules.

L'homme est capable du meilleur comme du pire.

Le jour il construit des gratte-ciels ou trouve des remèdes pour des maladies graves, et le soir il se gratte les couilles et renifle ses doigts pour savoir quand est-ce qu'il devrait prendre une douche.

D'ailleurs, à ce sujet... Un homme, quand ça prend sa douche, ça lave l'essentiel. C'est ce qu'on appelle le PAC : pénis, aisselles, cul. Tu savonnes seulement ces parties, c'est tout ce dont tu as besoin, mon fils. Quand tu te laveras les cheveux, le shampoing coulera sur ton corps et lavera le reste. Un homme, ça prend sa douche en moyenne durant treize minutes. Trois minutes à se laver le PAC et 10 minutes à recevoir de l'eau dans la bouche, à la recracher, à se faire un mohawk avec du shampoing, à feindre des débuts de bagarre comme s'il était Batman. C'est tout. Après, il sort de la douche.

Outre cette notion cruciale, l'important c'est de savoir que qui dit « garçon » dit « pénis ». Dans les douches de gym ou dans un vestiaire sportif, il y a une loi non écrite entre gars : Tu ne regardes pas le pénis des autres (du moins, pas directement). Par contre, tu peux utiliser la technique du regard balayé. Regard furtif. Tu analyses furtivement. Tu compares les données furtivement. Tu pourras ainsi voir si tu es dans la moyenne. Mais n'oublie pas : JAMAIS directement. Tu ne fixerais pas un ours dans les yeux, n'est-ce pas ? Alors, tu ne fixes pas le pénis d'autrui dans les yeux. Jamais. Mais hypocritement, c'est bon. Il n'y a rien de gai à analyser le pénis des autres gars pour se comparer. Et en même temps, ça ne veut rien dire. Ton pénis peut avoir la taille d'un jelly bean au repos pis se transformer en mailloche qui fait mal lors de relations sexuelles. Tu remarqueras que celui qui se pavane avec les plus gros attributs est comme le chasseur qui revient avec un orignal sur le top de son pick-up. Lui, il se trouve hot, mais les filles en ont peur.

Ensuite, quand tu vas uriner dans les toilettes publiques, laisse toujours un urinoir de distance entre toi et l'autre garçon : sinon tu lui donneras l'impression que tu t'installes pour le reluquer. Et ne garde pas plus d'un avant-bras de distance entre toi et l'urinoir. Juste un avant-bras. Pas plus, pas moins. Ne pisse pas de trop proche, parce que ça fait des éclaboussures sur tes pantalons. Ne reste pas trop loin non plus, sinon tu auras l'air du gars qui veut montrer son pénis à tout le monde. Enfin, lave tes mains juste si y'a d'autres gars avec toi dans les toilettes.

Mon fils, ne panique pas si tu trouves que ton urine sent les Sugar Crisp, tu as juste trop bu de café. Uriner est un petit plaisir. Profites-en pour tenter d'écrire ton nom dans la neige. Tu verras, réussir à écrire tout ton nom avant la fin de ta pisse, c'est comme gagner aux pichenottes : ça te procurera pas la gloire nationale, mais ça te fera sourire.

Note également que peu importe ce que tu feras avec ton pénis, la dernière goutte de pipi se retrouvera toujours dans tes boxers. Si tu es circoncis, c'est que ta mère et moi ne voulions pas prendre le risque que tu aies un amoncèlement de peau au bout de ton pénis.

Les non-circoncis ont le boutte mou, et la texture s'apparente à un lobe d'oreille de personne âgée.

Au cours de ta vie, les gens vont te répéter sans cesse de te brosser les dents. Ils te feront la morale sur combien c'est important de garder une bonne hygiène buccale, mais ils seront trop gênés de te dire de bien prendre soin de ta bizoune. Sérieux, Fiston, les parties génitales, c'est ce qui pue le plus rapidement sur un corps humain! Le monde freake avec les dents ou le dessous de bras, mais ne sous-estime jamais l'odeur de ton entrejambe. Une réputation est si vite détruite! Tu aurais beau être le président des États-Unis ou le PDG de Greenpeace, si tu pues du batte, personne ne voudra jouer aux fesses avec toi.

02. LE MYSTÈRE DES FEMMES

M

26

Maintenant que tu en connais un peu plus sur ton sexe, passons aux porteuses du chromosome XX. (En passant, les chromosomes, c'est comme les ingrédients d'une recette. Si la nature en met trop ou pas assez, il y a un bug dans le cockpit et ça donne des êtres humains avec une tête en forme de ballon de football qui bavent trop en donnant des bisous. Si tu ris d'eux, Fiston, je te jure que je reviens sur terre pour te botter le cul !)

Comme je te l'ai expliqué précédemment, tu es un homme. Je me dois donc de te présenter l'autre sexe : les femmes. Les femmes sont un puits sans fond de mystères, mon enfant. Si tu t'y intéresses trop, elle te trouveront accaparant, et si tu les ignores, elle te reprocheront de ne pas assez t'intéresser à elles. Le lâcher-prise est la meilleure technique d'approche, car les femmes ne savent pas ce qu'elles veulent, mon fils. Ne culpabilise pas et, surtout, parle-leur d'égal à égale en tout temps.

J'ignore de quoi les relations homme-femme auront l'air dans quelques années pour toi, mais à mon époque, c'est un peu compliqué. Je te lance ça pêle-mêle, on démêlera plus tard.

De nos jours, si l'homme complimente la femme sur sa beauté, il peut se faire accuser de machisme. En contrepartie, s'il ne la complimente pas, il sera blâmé pour son manque de confiance en elle. Tu verras qu'en vieillissant, ça peut devenir extrêmement complexe. Une femme portant un décolleté plongeant te reprochera d'y jeter un regard. À l'inverse, si tu ne regardes pas sa poitrine, elle se questionnera à savoir si elle est assez belle. Les femmes ne veulent plus être considérées comme des objets, ce qui est totalement légitime, mais elles continueront de porter des chemisiers semi-transparents qui nous laissent voir leur soutien-gorge, et toi, mon gars, tu seras le méchant si tu oses regarder. Certaines iront même jusqu'à dire que c'est correct de regarder, mais qu'il y a une FAÇON de regarder. Ce qui est logique.

Si ce genre de reproche t'est adressé un jour, fils, je te propose d'enfiler un pantalon de jogging serré en t'assurant d'afficher une bonne bosse de pénis. Sors te promener, et chaque fois qu'une femme regardera ton entrejambe, tu hurleras :
— C'EST PAS DE MÊME QUE JE VEUX QU'ON ME RELUQUE, FILLE !

Ti-cul, les femmes sont égales aux hommes. NON NÉGOCIABLE. Tu les respectes. Tu es mon sang, pis on est de même dans notre famille. Certaines tenteront de te faire porter le blâme de siècles d'oppression à travers leur propos et leurs combats, mais ne te gêne pas pour leur faire comprendre que tu n'as rien à voir avec le passé et que tu tentes de bâtir l'avenir avec elles. Elles se calmeront.

Les femmes, ça raconte des anecdotes de job. Je crois que c'est plus fort qu'elles. Tu devras, par respect, te les taper parce que tu n'es pas mieux qu'elles. Tu es un homme, et lorsque tu partageras ta vie avec une femme, tu vas la réveiller en revenant un soir de match de hockey de ligue de garage pour lui raconter les beaux jeux que tu as faits. Pardonne-moi de te dire ça, Fiston, mais elle s'en contrefiche, et ce, même si elle te dit :
— Wow ! Ça devait être beau ! Toi pis Olivier, vous deviez être fiers de votre but ! Bravo chéri.

À vrai dire, elle en a rien à foutre, elle ne t'écoute que par respect. C'est comme ça. Et toi, à l'inverse, tu l'écoutes quand elle te raconte de longues anecdotes de job, des anecdotes sans fin, sans punch. Le truc que je peux te donner, c'est de retenir le nom d'au moins une de ses collègues, puis, une fois de temps en temps, tu pourras lui demander :
— Eille, comment elle va, Monique, au bureau ?
Là, elle se dira : « Hein ? Il s'intéresse à mes affaires ? Mon chum est parfait. » Aussi, tu peux faire comme si tu étais intéressé avec des phrases telles que :
— Son petit dernier a encore le rhume ?
Les enfants ont tout le temps le rhume, crois-moi, ça fonctionne à tout coup.
— Est-ce qu'elle a terminé ses rénos ?

Même si elle te dit que Monique ne rénove pas et que tu te trompes avec Chantal qui rénovait sa salle de bain, il y aura toujours quelqu'un dans son entourage qui sera en train de faire des rénos, c'est une loi, c'est la vie.

Toi, ça te permettra d'apprendre le nom de quelqu'un d'autre au bureau.

Bref, mon fils, sois un bon compagnon. Par exemple, ne cesse jamais d'expliquer ce qu'est un hors-jeu au hockey à la femme qui partage ta vie. Pendant un film, accepte de répondre à ses deux cents questions. Ou fais-lui comprendre que manger un yogourt passé date de deux jours, c'est pas grave, ça ressuscitera pas Hitler.

Je ne peux pas t'expliquer pourquoi une fille, quand ça parle au téléphone avec sa mère, ça parle toujours plus fort qu'avec les autres personnes. Je ne sais pas non plus pourquoi ça tape rapidement des mains quand ça apprend une bonne nouvelle. Tout ça reste un mystère. Par contre je sais une chose, une chose très importante : tu te dois de devenir ami avec la meilleure chum de fille de ta blonde. Parce que dans le fond, c'est elle qui contrôle ton couple. Chaque fois que tu vas te chicaner avec ta blonde, c'est à elle qu'elle ira se confier. Et c'est ELLE qui la conseillera. Donc, toi, va te falloir être vraiment chummy-chummy avec la meilleure amie pour qu'elle prenne ta défense.

Dans un autre ordre d'idées, quand tu vivras en appartement pour la première fois avec une fille, ne reste pas surpris si la phase du « lève le son de la télévision, je m'en vais à la toilette » ne dure qu'un mois. Parce qu'une fille, mon fils, c'est aussi porc qu'un gars !

Oh. Que. Oui.

Une fille, une fois que c'est à l'aise, ça te brise l'image de Cendrillon assez vite. Très tôt dans la cohabitation, elle sortira de la salle de bain en te disant :
— Va pas là-dedans, le gros, ça sent le dépotoir de Mumbaï.

Tu resteras également surpris la première fois que tu vas l'entendre uriner. C'est comme un boyau défectueux qui vient de se fissurer et qui coule dans tous les sens. Il y a même de vieilles légendes qui disent que c'est de même qu'on taille le diamant ! Ne panique pas, elle n'est pas défectueuse, tu ne l'as pas brisée, ça coule tout croche naturellement.

Un jour, tu seras en voiture avec ta douce. Elle conduira, tu seras assis côté passager et elle te demandera de trouver quelque chose dans son sac à main. NE T'AVENTURE PAS LÀ-DEDANS. C'est prouvé, le cerveau des femmes sécrète une sorte d'enzyme ultra spéciale qui les aide à retrouver leurs cossins dans leur sacoche. Tu vas chercher son téléphone, mais même si tu l'entends sonner, tu ne le trouveras pas. MYSTÈRE. À la place, tu vas mettre la main sur 174 lipsticks, 36 bobépines, 21 plasters, un vélo. MAIS JAMAIS TU NE POURRAS TROUVER SON OSTIE DE CELLULAIRE !

Je généralise, j'en conviens. Reste que ça ressemble à ça pareil.

On se reparle de femmes plus tard dans le livre.

FISTON

—

LE
MYSTÈRE
DES
FEMMES

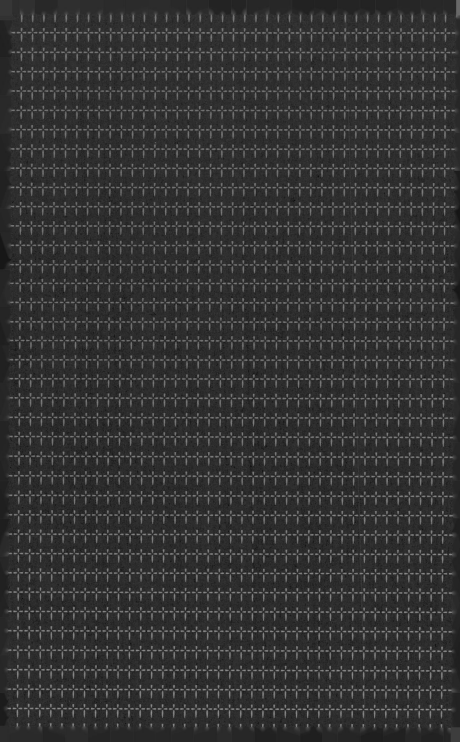

03. TOUT COMMENCE À LA GARDERIE

34

Tu sais maintenant d'où tu viens et ce que tu es, et tu en connais un petit peu sur le sexe opposé. Avec cette base, je peux commencer à t'expliquer ton cheminement.

Ta vie sociale débute vraiment le jour où tu arrêtes de bouffer les seins de ta mère et que tu vas rejoindre d'autres morveux à la garderie. La garderie, c'est une espèce de maison avec une madame à l'énergie surhumaine qui torche des péteux, mouche des nez et élève les enfants d'autrui pendant que les parents sont occupés à faire plus d'argent qu'elle. C'est triste, mais c'est ça. Peu de gens ont la patience et le talent de ces mesdames de garderies. Respecte-les !

En ce qui te concerne, ta job est bien simple : manger de la plasticine en cachette, chanter des comptines, faire du bricolage et ramener des bactéries à la maison. Tu formeras tes propres anticorps à force de lécher les camions Tonka que d'autres enfants auront léchés avant toi. Tu seras constamment malade, et c'est bien.

Parlant de Tonka, fais ta place en arrivant. Ce conseil peut t'aider pour le restant de tes jours : quand tu es nouveau quelque part, tu dois t'imposer. Que ce soit avec ton attitude, tes paroles ou des claques sur la gueule, montre aux autres que tu ne te laisseras pas impressionner. Que ce Tonka-là, c'est TON Tonka. Pas obligé de dominer les autres, mais fais ta place.

À la garderie, tu rencontreras ce que j'appelle le Kevune. Le Kevune vient souvent d'une famille pauvre, ses cotons ouatés puent le Hamburger Helper, ses cheveux sont gras et il est constamment sale autour du nez. Ses parents sont trop occupés à fumer des clopes indiennes pis à faire le party pour élever leur marmot. Le petit gars n'est pas une mauvaise personne, mais le manque de câlins et de discipline dans sa maison font en sorte qu'il essayera constamment de faire chier les autres ti-culs de la garderie. C'est le p'tit crisse par excellence, celui qui volera tes Tonkas. Il n'y a rien comme un bon vieux coup de jouet dans face pendant qu'il fait sa sieste pour le remettre à sa place.

Tu fréquenteras aussi la petite fille avec un vieux nom genre Bernadette, Blanche, Simone, Adèle ou Rose. Cette petite fille-là est facile à reconnaître : c'est la petite fille qui porte des vêtements en laine « vintage griffés » pis qui braille tout le temps. Sa mère viendra la reconduire dans un VUS qui coûte cher, et quand ce sera le temps de se séparer, la mère braillera autant que la petite. C'est une princesse qui n'est jamais contente. Ignore-la. C'est ce qu'il y a de mieux à faire. Elle finira par s'intégrer au groupe à force d'être ignorée.

Mais il n'y a pas juste les petites filles qui pleurent, mon gars ! Oh non ! Les petits gars aussi. Ne te sens pas mal si tu pleures les premiers temps que tu es séparé de tes parents et que tu as l'impression d'être abandonné. C'est normal, mon gars, pas de stress. Fais confiance à la madame de la garderie, si tes parents l'ont choisie c'est que c'est la meilleure… (Ok, ça, c'est de la bullshit. Ce n'est pas la meilleure gardienne. C'était la seule garderie dans laquelle il restait de la place.) La garderie, c'est l'endroit idéal pour brailler à en avoir le visage rouge vin et la lèvre pleine de morve. Vis tes émotions à fond, mon fils, fais-en, des crises, car pour le reste de tes jours, on va te demander de ravaler pis de fermer ta gueule.

Y'aura aussi le petit Benoit. Celui-là est blême, il a l'air faible. C'est le gamin allergique à tout. Il ne peut rien manger sans gonfler et risquer de crever ! Que ce soit des fruits de mer, des œufs, des peanuts, du lait, il n'y a rien que l'organisme de ce petit morveux puisse tolérer. Surtout qu'à la garderie, nous touchons à tout. Il suffit que le petit Benoit suce la même tête de figurine Spider-Man que toi qui avais précédemment mangé une omelette pis BANG ! Te v'là accusé d'homicide involontaire. Alors tiens-toi loin de lui, parce qu'avoir un casier judiciaire à trois ans et demi, ça te chie une couple de projets. Watche-le tout le temps, le petit allergique !

Puis, tu rencontreras Marc-André, le petit gars un peu étrange. Il fait toujours des affaires bizarres pour attirer l'attention comme se remplir le nez de Sugar Crisp, flasher sa bizoune et te fixer quand tu vas sur le petit pot. Tu ne veux pas que ce soit ton ami, mais tu n'as pas vraiment le choix parce que lorsque vous allez jouer au parc, l'éducatrice vous relie tous ensemble avec une laisse rouge, pis il se trouve que le weirdo est juste à côté de toi. Au parc, il pisse dans les glissoires, mange

du sable et kick tout le monde. Quand vous faites de la gouache, il en fout tranquillement partout sur tes « œuvres » en te fixant dans les yeux. Si tu pouvais t'exprimer, tu le regarderais en disant :
— Mais qu'est-ce que tu fais là, man ?

Étant donné que tu es encore trop jeune, tu vas juste brailler.

04. TES PREMIERS BRICO-LAGES

Au début, tu seras fier de voir ta mère émue à la vue de tes « dessins ». Elle affichera fièrement sur le frigo ces « traces de crayon sur papier construction ». On ne se cachera pas que c'est médium pas beau. Un morceau d'ouate, deux trois cure-pipes, pis tu essaies de nous faire croire que c'est le père Noël ?

Mais ta mère va t'encourager. Ce qui est à la fois bien... et mal. À partir de ce moment-là, tu vas penser que tout ce que tu fais doit être affiché dans la maison familiale.

Ta mère ne saura plus quoi faire de tes 147 326 gribouil-
lis qui ressemblent à un dessin fait par un sismographe
brisé. Elle t'aime et elle est fière de toi, mais tu vas exa-
gérer ! À tel point qu'elle filera cheap de ne pas afficher
tes œuvres partout. Plus tard, pour s'épargner la lourde
tâche de jeter tes dessins, ta mère va te transférer ce
fardeau. Elle les mettra dans une boîte qu'elle te refi-
lera lorsque tu quitteras la maison. Même toi, après
trois secondes à fouiller dedans, tu vas te dire : « Ouin,
c'est cute, mais qu'est-ce que tu veux que je câlisse avec
tout ça ? » Alors tu vas les conserver dans le fond d'un
garde-robe, car toi aussi, tu vas ressentir l'obligation de
protéger ton estime de petit gars, alors qu'on aurait pu
t'éviter de passer par là si, à la base, quelqu'un t'avait
dit : « C'est cute ce que tu fais, amuse-toi, mais on ne
les gardera pas question d'éviter des malaises dans le
futur. »

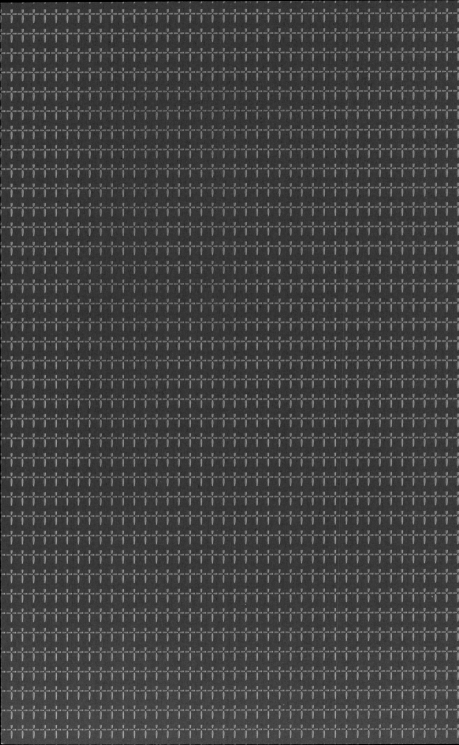

05.
L'ÉCOLE

44

Fini les couches, les jouets poches et les dents qui font mal en poussant! Tu es maintenant un grand garcon de 4 ans et demi, et tu goûtes aux plaisirs de la vie tel que planter des forêts de brocolis sur tes patates pilées, regarder les cartoons en pyjama le samedi matin en mangeant des céréales chimiques qui te maganent le palais et te cacher le visage pour espionner, entre tes craques de doigts, une scène osée dans le film que tes parents regardent. Le party est fini, mon homme, tu rentres à l'école.

Un lundi, vers la fin du mois d'août, un truck jaune orange va venir te chercher devant chez nous. Ta mère va te tirer le portrait dans le driveway avec ta petite coupe champignon et ta boîte à lunch Hulk Hogan. Elle prendra une quantité ridicule de photos de toi debout avec ton sac à dos devant un mur blanc du salon. Elle va pleurer, tu vas penser que c'est une larme de joie, mais fuck non, man! Elle va brailler parce qu'elle sait ce qui t'attend.

Tu vas embarquer dans l'autobus... Il y a des fenêtres de chaque côté pour te donner l'impression que tu es en liberté, mais dans le fond, tu es comme un porc qui s'en va à l'abattoir. Dans l'autobus, tu vas avancer en essayant de te trouver une place. Personne ne va vouloir te laisser t'asseoir avec eux autres. Non! Tu es un *nobody*, tu es un «maternelle»! Tu vas être pogné pour aller t'asseoir en avant avec le gros Yannick qui pue le lait caillé.

L'autobus va s'arrêter dans le stationnement de l'école, tu vas comprendre qu'il faut sortir, mais tu ne sauras pas où aller, tu te sentiras perdu. Et quand tu auras trouvé ton chemin, les profs du primaire vont te briser à coup de comptines, de gouache pis de partage de berlingots de lait. Tu vas finir cette année-là pis tu vas dire: «C'est tout ce que vous avez?» *Oh my sweet fucking God* que non! Tu n'es pas au bout de tes peines, Fiston! Le primaire, c'est la place où tu vas commencer à manger des coups de pied dans les gosses, à te battre et à te faire un nom. Si tu as à pisser dans tes culottes, c'est au primaire que ça va se faire. Les grands de 6e vont t'appeler la «petite pisseuse». Tu vas te faire écœurer. Ils vont aussi rire de toi parce que tu porteras des joggings Ninja Turtles, alors tu t'habilleras comme les autres et tu apprendras le concept de la CONFORMITÉ. C'est à partir de ce moment-là que tu vas comprendre qu'il faut aimer seulement ce que les autres aiment — ça te servira plus tard.

Parce que tu n'as encore rien vu. Attends d'arriver au secondaire ! *THE JUNGLE* ! Mange ou sois mangé. Et ton désir d'appartenir à la société et de te faire accepter par les autres t'encouragera à écœurer les plus faibles. Comme Yannick, le petit gros qui sent le lait caillé. Tu vas obtenir un certain statut, tu vas te mettre à frencher des filles plus grandes que toi, avec des broches. Tu fumeras du pot, respireras de la colle, traîneras dans les parcs.

Autre chose, Fiston. Sache qu'avoir une érection le matin dans l'autobus en te rendant à l'école, c'est normal. NE PANIQUE PAS ! Ça arrive à beaucoup de garçons de bander dans les transports en commun, c'est une question de vibration, je pense. Mon truc à moi, quand j'étais petit, c'était de m'asseoir dans les bancs situés au centre de l'autobus et de laisser tout le monde débarquer avant moi, même ceux qui étaient assis en arrière. Les gens croyaient que j'étais poli et galant alors que dans le fond, je camouflais une érection gênante. *Try it* !

Tu vas tomber amoureux. Tu te croiras au paradis. Puis, ta blonde du secondaire finira par te domper pour un gars qui a un char.

Ensuite c'est le cégep, les limbes de l'éducation. Un paquet d'âmes errantes qui ne savent pas trop où aller, dans quoi s'embarquer. Étant donné que tu ne sais pas encore vraiment ce que tu veux faire dans la vie, tu vas t'inscrire en Arts et lettres, question de participer à des voyages au Pérou pour aller peinturer des écoles, aider du monde.

Une des choses les plus cool du cégep, c'est la gang de l'impro. D'ailleurs, en passant, les gars que tu vas trouver cool dans la gang d'impro seront les mêmes dans quinze ans. Ils se trouveront au même point dans leur vie. Ils auront pas changé une miette. Donc, trippe pas trop longtemps là-dessus, sinon tu seras aspiré dans le vortex du monde de l'impro dans lequel il n'existe que trois issues :

1. devenir coach d'impro ;
2. devenir technicien en loisirs ;
3. mourir dans un vieux cimetière d'éléphants.

Si tu n'es pas resté accroché au trip de boire dans les parcs, tu vas passer à autre chose et tu iras à l'université. Tu ne sais toujours pas ce que tu veux faire dans la vie ? À l'université, nomme n'importe quel sujet et il y a un cours là-dessus, c'est certain. Avec un cours, tu as un diplôme, pis avec un diplôme, tu vas nulle part mais ça impressionne tes parents et quelques patrons à gauche et à droite. Tu vas donc bûcher pendant trois ans sur un bac en cinéma pour te rendre compte qu'au Québec, ce qu'on veut voir, c'est *Omertà* avec Stéphane Rousseau, *Hot Dog* avec Éric Salvail, ou des osties de films lourds qui n'ont aucun sens et qui permettent aux spectateurs d'avoir l'air de s'exprimer intelligemment sans même avoir compris le film. Mais toi aussi, tu diras : « Oh wow ! C'est donc bien intelligent ! », parce qu'au primaire on t'aura appris la conformité. C'est de même.

06.
L'INTIMI-DATION

50

L'humain est un animal. Peu importe ce que les gens essayeront de te faire gober. L'humain restera toujours une bête dotée d'un instinct de domination pratiquement incontrôlable. Il y a, bien sûr, quelques exceptions comme Ghandi, le Dalaï Lama, Elin Wägner et d'autres personnes exceptionnelles pour qui j'ai un grand respect. Je voudrais qu'ils aient eu raison, et j'aimerais te dire, mon fils, que le pacifisme est la clé. Sur papier, ce serait logique, mais quand s'y mêlent les différents caractères humains et les émotions qui les mitraillent, ça devient plus complexe.

L'intimidation se trouve partout : entre frère et sœur, à l'école, au bureau, dans un couple, sur la route, dans le règne animal, en file à l'épicerie, à la garderie, dans ton équipe de hockey, dans ton voisinage et même dans ton cercle d'amis. Il faut trouver le bon équilibre entre être une victime et refuser de se laisser faire, sans pour autant devenir soi-même l'intimidateur. La ligne est mince, et je vais tenter de te conseiller correctement.

Premièrement, si quelqu'un tente de t'intimider, pose-toi toujours la question : « Ce que je fais en ce moment peut-il se traduire par : je pisse sur ses bottes ? »

Exemple. Tu es à l'école, tranquille, tu fouilles dans ta case pour prendre ton lunch avant d'aller rejoindre à la cafétéria tes amis de secondaire 2. Un gros baraqué de secondaire 4 te pousse dans le dos pour te faire rentrer dans ta case, puis ferme la porte et t'enferme dedans pour faire rire ses amis. Tu n'étais clairement pas en train de pisser sur ses bottes. Là, tu es une victime.

Autre exemple. Tu es au travail, assis devant ton ordinateur, quand un collègue arrive à ton bureau et te dit :
— Roberge, ça vaut pas de la marde, ce que tu fais, tu vas recommencer ce dossier-là. Je peux rien faire avec ça !

Ça se peut que tu aies travaillé en cabochon et que ton collègue de travail écope à cause de toi. Tu as donc pissé « involontairement » sur ses bottes. Prends ton trou et recommence ; ce type n'est pas un intimidateur, c'est juste un connard qui ne sait pas parler aux gens. Là, tu n'es pas une victime.

Dernier exemple. Tu es à la machine à café avec d'autres collègues de travail et le petit nouveau, qui fait la même job que toi, arrive en souriant. Tu en profites pour lui passer des remarques sur sa shape de quille et son gros cul dans l'unique but de faire rire tes chums et de dé-montrer que c'est TOI, le *king* de la place. Là. tu es l'in-timidateur. Tu penses montrer ta supériorité et protéger ton statut dans la compagnie, mais tu ne fais qu'agir en simple trou de cul !

Je suis de ceux qui pensent qu'il faut combattre le feu par le feu. Si quelqu'un t'intimide, ne le rapporte pas tout de suite à la direction ; tu vas passer pour un porte-panier aux yeux des autres et ils te trouveront faible au même titre que si tu t'étais laissé intimidé. Anyway, les écoles se disent toujours préoccupées par la question de l'in-timidation, mais font rarement des gestes concluants pour éradiquer le problème.

Tu te fais écœurer à l'école ? Ta tête est une cible à restants de lunch à la cafétéria ? Il y a des *badass* qui te poussent dans les cases ? Je peux te garantir que même si tu les trouves cool et épeurants en ce moment, ça ne deviendra jamais médecin, ces gars-là. C'est rare que les gros attardés qui te fessent dans le ventre finissent par trouver des remèdes pour guérir le cancer.

Sois plus brillant qu'eux.

Au cours d'éducation physique, pendant que tout le monde jouera au badminton pour amasser des crédits gratuits au bulletin, toi, tu vas entrer en douce dans le vestiaire et te rendre aux casiers de tes gros morons. Tu vas prendre leurs jeans et tu y déposeras de la merde que tu auras préalablement ramassée au parc à chien. Tu l'étaleras à l'intérieur de leurs pantalons. Puis, tu prendras leur bouteille de shampoing et en remplaceras le contenu par du Veet. Du Veet, si tu sais pas c'est quoi, c'est le produit que maman utilise pour épiler sa mous-tache. Ensuite, tu remettras le tout à sa place. Quand le cours sera terminé et qu'ils iront prendre leur douche, ils vont commencer par se laver les cheveux, qui vont se mettre à tomber comme de la peau de lépreux. En panique, ils vont retourner à leurs cases pour enfiler

leurs pantalons qui sentent le caca. Et là, tout le monde va commencer à rire d'eux :
— Haaa... Ils puent la marde et leurs cheveux tombent !
C'est là que les intimidateurs vont brailler, évidemment. Tu les auras frappés direct dans leur honneur, ils seront humiliés, et ce, devant tout le monde. Entre en scène ! Sors tes talents de comédien et protège-les :
— Voyons donc, lâchez-les. Ils ne vous ont rien fait, ces gars-là ! Pourquoi vous riez ? Pauvres eux autres !
Prends une petite couverture, emmitoufle-les en leur chuchotant :
— Ok, chhhhhhhhhhhhuuuuuuuuut... Pleure, ça fait du bien...

Laisse-toi tomber sur le sol en leur faisant un câlin et en les réconfortant. Ils te seront redevables. Ils vont se dire : « Eille, le jeune, là, il a pas été chien avec nous autres quand on n'allait pas bien ! »

Donc, ils vont assurément te protéger durant tout le reste de ton secondaire.

En passant, s'ils viennent à savoir que c'est toi qui as tout fait ça, tu es dans le trouble. Ils vont vouloir te péter la gueule. Quand ils vont arriver pour te frapper, donne-leur un gros coup de pied dans les couilles. Un coup dans la fourche, ce n'est pas *legit*, mais ça va te permettre de te sauver jusqu'à la direction de l'école. Là, ce sera le temps d'aller bavasser.

07. LES SORTIES SCOLAIRES

56

Il y a juste deux affaires qui sont le fun à l'école :
1. quand ton prof te propose d'écouter une vidéo, parce
que tu sais que tu vas pouvoir dormir sur ton pupitre ;
2. les sorties scolaires.

Durant les sorties scolaires, c'est le temps de briller, c'est
le temps de t'organiser pour que la belle Sophie Blouin
te remarque, celle à côté de qui tu ne seras jamais assis
dans ta classe à cause de l'ostie d'ordre alphabétique.
C'est le temps de lui montrer que tu es autre chose que

le sans-dessein qui a été obligé de se rendre à l'infirmerie parce qu'il avait essayé de se rentrer un pepperoni dans l'oreille en 2ᵉ année. Je te garantis qu'au primaire, il y a toujours quelqu'un qui nous marque. La belle sur qui tu trippes en cachette, j'appelle ça une Sophie Blouin. Sophie Blouin est la Mona Lisa des petites filles à lulus. Elle porte des élastiques à cheveux avec des cerises dedans et elle est capable de faire un lapin avec ses petits gants d'hiver. Elle est douée à l'école, torche des culs au ballon-poire et le soir, quand tu te couches, tu ne penses qu'à elle. La sortie scolaire est parfaite pour créer des rapprochements avec ta promise.

La veille de votre sortie au Planétarium, essaie d'apprendre tous les noms des étoiles et des planètes par cœur. Le matin même, pogne-toi une grenouille et mets-la dans ta poche (je t'expliquerai pourquoi plus tard). Au moment du départ, dans l'autobus, arrange-toi pour être dans son champ de vision, juste pour qu'elle voie que tu es le leader qui part les meilleures chansons d'autobus.

Suggestion de hits d'autobus :
• Si tu aimes le soleil tape des mains
• Chapeau de paille, chapeau de paille, chapeau de paille-paille-paille.
• Ani couni chaouani
• C'est la bouboule de gomme
• Conducteur, conducteur, dormez-vous ?

Arrivé au Planétarium, juste avant de rentrer dans le building, mets-toi un peu à l'écart, sors ta grenouille de ta poche et crie :
— Hey ! j'ai trouvé une grenouille !
Tous les enfants vont s'en venir en courant vers toi comme des sauvages. Calme-les en protégeant l'animal. C'est à ce moment que Sophie dira :
— Wow, il a tellement un grand cœur. Il protège une grenouille !
Et que tu pourras répondre :

— Hey, So, viens m'aider à redonner la liberté à cette grenouille.

Les femmes aiment les hommes remplis de compassion.

Sur l'heure du lunch, ce n'est pas avec un sandwich baloney-moutarde, un *Ziploc* rempli de *Ritz* au fromage pis une boîte de jus à boire que tu vas l'épater. Non ! Prépare des sushis pour tout le monde.

Les femmes aiment les hommes qui cuisinent.

Après ça, vous irez dans une sorte de cinéma où tu es couché sur le dos pis tu regardes le plafond. Pendant que le conférencier vous parlera des étoiles, ce sera le temps de le reprendre sur ce qu'il dira, pour ploguer ton savoir.

Conférencier : Chaque jour des milliers d'étoiles meurent.
Toi : Elles ne meurent pas, elles deviennent des super-novas.

Les filles aiment les hommes cultivés.

Pendant que tout le monde fixera le plafond, tu vas pouvoir regarder Sophie, pis rêvasser. Fiston, ce que tu ressens en dedans de toi, c'est de l'amour. Bravo. Tous les petits gars de la planète ont déjà eu un kick sur une fille. C'est tellement plaisant de passer ses cours à regarder la fille sur laquelle tu trippes !

Cependant... désolé, mais tu ne sortiras jamais avec Sophie Blouin. La vie, c'est chien de même. Elle va briser ton cœur en mille miettes, quand tu vas apprendre qu'elle a perdu sa virginité dans une tente à l'après-bal avec un douchebag plus vieux que toi qui a un char.

Peu importe ce que tu fais, les filles de ton âge n'aiment pas les petits gars comme toi. Elles préfèrent les gars plus vieux.

08.
CHOISIR SES AMIS

62

Ta famille, tu ne la choisis pas. Ça, ça veut dire que des fois, il peut t'arriver d'être entouré de gens que tu n'aimes pas ou que tu trouves gossants. Puisque ces gens-là font partie de ta famille, tu devras les endurer toute ta vie. C'est ainsi.

Par contre, les amis, c'est toi qui les choisis. Alors de grâce, choisis les meilleurs! Pendant ta vie, tu remarqueras que certaines personnes ne sont que de passage, alors que d'autres te suivent tout le long de la *run*.

Des personnes avec qui tu ris, avec qui tu t'obstines et, même, avec qui tu pleures. Ça, ce sont les amis et les bons chums. Il y a une différence entre les deux. Un ami acceptera difficilement que tu couches avec son ex ; le bon chum te donnera des capotes et même des trucs pour la faire tripper au lit. Un ami, ça t'aidera à étudier ; un bon chum, ça t'aidera à tricher. Un ami, ça te serrera la main et te dira un simple salut ; un bon chum te prendra dans ses bras, te donnera des bonnes claques dans le dos, vous vous tiraillerez et il terminera ses salutations en te claquant les gosses. C'est correct, parce que c'est un bon chum !

Vers l'âge de 20 ans, c'est le temps de faire le premier ménage dans les amis. Et voici la meilleure méthode : par une nuit froide du mois de février, tu t'en vas en voiture dans un rang de campagne éloigné. À 2 h du matin, tu appelles tes amis les uns après les autres pour leur dire que tu es en panne d'essence au bord d'une route de campagne et qu'il te reste 1 % de pile de cellulaire. Tu glisses le nom de l'endroit où tu es et tu raccroches. Il ne te reste qu'à attendre pour voir qui viendra te chercher. Ceux qui se présenteront seront en crisse, mais ils te pardonneront : ils sont de la catégorie « bons chums ».

Mais les amis qui ne seront pas venus à ton secours peuvent quand même se rattraper et passer au clan des bons chums. Il existe encore plein de façon de les tester. Un autre truc : passe 20 $ à un ami. Si tu dois courir après ton argent, si chaque fois que tu vas chez lui il se cache dans la salle de bain, tu sais que ça ne vaut vraiment plus la peine de lui jaser. Ça t'aura juste coûté 20 $ pour le savoir. Le bon chum, quant à lui, te redonnera toujours ton 20 $ à temps. Il viendra même te le rendre chez vous pour t'éviter d'avoir à te déplacer et il t'achètera une bouteille de vin à 40 $ pour te remercier de l'avoir aidé. Toi, tu vas refuser, à moins que vous la buviez ensemble. C'est ça que ça fait, des bons chums !

Pour qu'un ami vienne t'aider à ton déménagement, faut que tu le tètes pis que tu le tètes pendant des semaines. Un bon chum, tu n'as même pas besoin de le lui demander. À peine les mots « premier juillet » sortis de ta bouche, il est déjà en train d'appeler trois autres chums de gars, de sortir des *binders* pis de te lancer les clés de son pick-up.

C'est pas mêlant, le bon chum a tellement d'affinités avec toi que vous pourriez être un couple. Tout ce qui vous manque, c'est le désir sexuel.

C'est important de choisir tes amis en fonction de TA personnalité. Faut que vous soyez complémentaires. Exemple, si tu es un petit baveux, trouve-toi un gars musclé pour te défendre. Et attention : il ne faut jamais confondre les bons chums avec les chums de la job. Les chums de job, c'est un peu comme les cousins : après cinq minutes, tu n'as plus rien à leur dire. Tu vas faire la gaffe de les inviter à souper et à écouter le hockey chez vous un samedi soir, pour te rendre compte qu'ils te font honte devant tes vrais chums pis ta blonde.

Une amitié gars-fille ? Non ! Elle a un vagin, tu as un pénis… Forcément, tu vas t'imaginer en train de la tripoter un jour.

Essaie d'avoir un ami gros, c'est toujours pratique. Quand tu te tiens à côté de lui, tu as l'air plus beau. Par ailleurs, il entre dans la même catégorie que les amis gais pour les filles — elles se confient toujours aux gros. Faque grâce à lui, tu vas avoir des scoops sur les *chicks*. C'est un peu comme ton agent *undercover*.

Et ne panique pas si, en vieillissant, tu réalises que tu vois de moins en moins tes vieux chums. Ce n'est pas qu'ils ne t'aiment plus, c'est qu'ils ont eux aussi une famille, des responsabilités… une femme. Le vrai bon chum, tu peux l'appeler aux six mois pour prendre de ses nouvelles. Il ne te reprochera pas de ne pas lui avoir jasé depuis un bout. Il va prendre des nouvelles de tes enfants, de ta vie, de ton travail.

Un chum, un vrai, c'est rare. Prends-en soin.

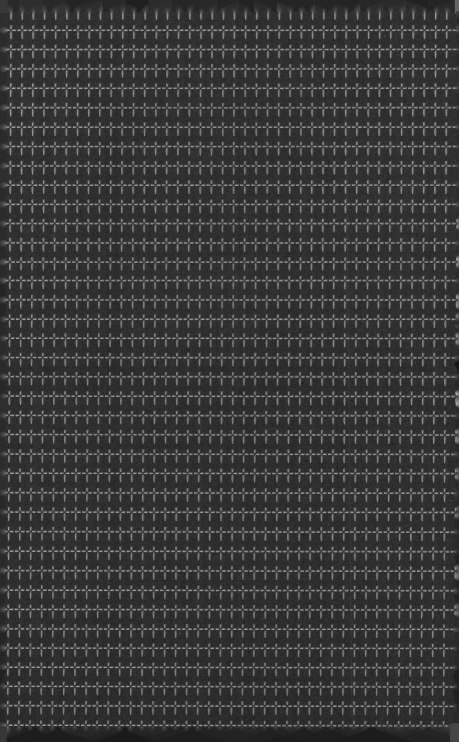

09. SOIS COOL

Quand on est jeune, on fait un tas de choses insignifi-
antes, un tas de choses qu'on trouve cool. On ne sait pas
encore que ces mêmes choses nous paraîtront futiles ou
ridicules une fois qu'on aura vieilli. Voici quelques trucs
que tu trouveras certainement cool... Mais, n'oublie pas,
tu devras abandonner ces activités un jour ou l'autre.
C'est la règle.

Fumer
Fume, Fiston! Oui, je suis le seul qui te donnera ce

conseil. On ne se le cachera pas, fumer, ça fait cool quand on est jeune. Ça fait rebelle. Les jeunes filles aiment ça, les gars rebelles. En fumant, tu leur dis : « Je n'ai pas peur du danger. » C'est juste une coche en dessous du cascadeur moto. (Mais ne fume pas autant que Falardeau, par exemple. Il faut quand même viser un juste milieu, là.) Fume jusqu'à l'université. Après ça, les fumeurs sont mal perçus. Ce n'est plus comme dans les années 1950, où les médecins accouchaient les femmes et opéraient des appendicites la clope au bec. Brake un peu de côté croche avec ton BMX quand tu arrives au dépanneur, pis lance-le par terre. Ça fait : « Je suis *badass*. » Les jeunes filles aiment ça, les *badass*. Tu peux même faire des wellés de BMX avec une clope dans la bouche.

Mais arrête tout ça de bonne heure. Un gars qui cale, en bicycle avec une cigarette aux lèvres, ça fait livreur de dépanneur louche. Et puis, si tu arrêtes, tu seras doublement cool : cool à 15 ans en fumant, cool à 20 ans en arrêtant. Les étudiantes universitaires aiment ça, les gars avec des convictions.

Les collections
Quand nous sommes petits, nous faisons toutes sortes de collections. Nous pouvons nous autoproclamer collectionneurs haut et fort. On reçoit alors des objets en cadeau pour grossir notre collection. Des timbres, des cartes de hockey, des pogs, des effaces... Jusqu'à l'âge de 15 ans, c'est bien, mais après ça... ça devient étrange. Les gens ne sont pas attirés par les jeunes adultes collectionneurs. C'est comme si, dans l'inconscient populaire, avoir une collection signifiait être atteint de maladie mentale, faire une fixation sur une chose dont le reste du monde se contrefout. Les jeunes adultes qui ont des collections portent habituellement un polo beige et une sacoche banane, et ils se tiennent dans des endroits comme les foires, les encans ou les marchés aux puces pour acheter d'autres bébelles pour leur collection.

Alors, si tu fais une collection, ça intéresse qui ? Juste des gens qui ont une collection similaire à la tienne, Fiston. Si tu veux collectionner quelque chose, attends d'être vieux ; à ce moment-là, ça redevient correct. Dans l'imaginaire collectif, quand une personne âgée collectionne de quoi, c'est pour meubler sa retraite. C'est même cute.

Les jeux de rôles

Un enfant qui court avec son épée de chevalier dans la cour, c'est d'une beauté poétique incroyable. Par contre, un gars de 24 ans un peu rondelet habillé en chevalier qui donne des coups d'épée en mousse dans le vide... c'est triste. Hors de question que mon fils utilise la fortune familiale pour pouvoir se déguiser en elfe, le temps d'un dimanche avec ses amis sur le mont Royal ou d'une semaine dans le fond du bois avec d'autres weirdos qui se fabriquent des arbalètes avec des barreaux de chaise. Qui se font croire qu'ils ont des chevaux qui chient des arcs-en-ciel et qui se transforment en gnomes pour avoir un *power level* 12. NON.

En même temps, si tu aimes ça, je suis qui pour te dire que c'est de la marde de se déguiser en porteur de scorbut ?...

Lire des mangas

Ce n'est pas une passion, c'est un handicap. Les gens qui aiment ça deviennent accros ! Ils commencent à tripper sur des dessins japonais de gars aux cheveux weird qui se pètent la gueule entre deux pitchage d'éclairs, et finissent par se crosser en regardant des Hantaï louches... Touche pas à ça, Fiston !

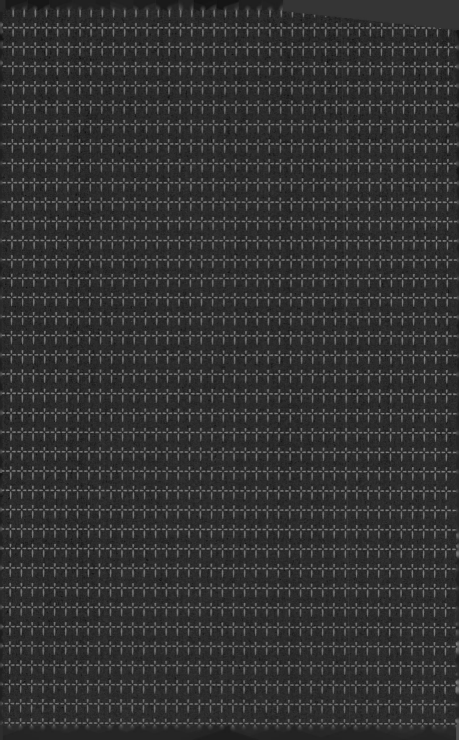

10.
L'HAL-
LOWEEN

74

L'Halloween est une grande fête. C'est la seule fête qui accote Noël, et aux yeux de toutes les Nancy de ce monde, c'est le parfait prétexte pour se déguiser en n'importe quoi de cochon afin d'être attirante au moins une fois dans l'année.

Ti-cul, retiens ça : je vais te dire quel costume aller t'acheter si tu veux tout péter dans le quartier et te ramasser une chiée de bonbons.

Le monstre

Pas le petit monstre cheap avec un masque en plastique bien mince, celui avec lequel t'as l'impression que les élastiques vont t'éclater dans la face chaque fois que tu le mets. Pas le masque de piètre qualité avec le contour des yeux genre en rebord de Mister Freeze qui te déchire les paupières. NON ! Un vrai gros masque de monstre en caoutchouc, ou bien un vieux masque de gardien de but des années 1970. Et avec ça, un sarrau plein de sang. C'est l'Halloween ! Faut pas que tu fasses rire de toi ! Faut que tu foutes la chienne à tout le monde. Approche les autres et chuchote-leur :
— M'as te tuer, mon sale !

Faut que le monde ait peur !

Le vampire

La cape, la face blanche, le faux sang sur le bord de la gueule.

Là, avertis ta mère qu'elle ne te dessine pas les pointes de canines en dessous de la lèvre du bas, tu vas avoir l'air d'un pauvre. Dis-lui qu'elle t'achète les vraies fausses dents de vampire en plastique. Celles qui donnent l'impression que tu as un ensemble de patio fondu dans la gueule.

L'important pour obtenir un char pis une barge de bonbons, c'est soit de faire peur, soit d'être hot.

Une fois ton déguisement choisi, même si tu le trouves terrifiant, je peux te garantir que ta mère va venir tout gâcher en te forçant à mettre un manteau d'hiver en dessous, puis des bandes oranges aux bras et un dossard fluorescent. Tu auras davantage l'air d'une brigadière sur la poudre que d'un vampire.

Dans ton quartier, spotte les maisons des petits vieux... et ne va pas là. Ils vont ouvrir la porte, te demander en quoi tu es déguisé pis t'obliger à chanter avec tes fausses dents pour des bonbons de marde. Si, malgré tes précautions, tu te retrouves quand même pogné devant des petits vieux à chanter une chanson, entonne *Au clair de la lune* vraiment fort en postillonnant. Ils devraient te trouver assez désagréable pour te donner tes bonbons de marde et te laisser t'en aller.

Les principaux bonbons de marde chez les vieux : les petites pilules. Il y aura toujours quelqu'un dans ton entourage qui va te dire que c'est bon, les petites pilules. Reprends-le et explique-lui la différence entre bon et surette ! Du chocolat, c'est bon. Des petites pilules, c'est surette. Ça te tire jusqu'en dessous des oreilles. On est censé avoir du plaisir quand on mange un bonbon, pas faire une face de gars qui trouve que ça va trop vite aux glissades d'eau.

Pire que ça : les klondikes. Les petites tires brun foncé. On dirait un cube de caca séché emballé dans du papier orange. Quand tu essaies de le déballer, le papier reste collé après. Il faut gratter pour l'enlever. Tu gosses avec ton ongle pis quand tu te tannes, tu te dis : « *Fuck off* ! Je vais le manger pareil. » Fiston, tu vas le mettre dans ta bouche en 6e année et tu vas finir de le téter à ton après-bal. À un moment donné, tu vas te dire : « Je vais croquer dedans. » Non ! Ne croque pas dans un klondike qui veut ! Tes dents vont coller, que dis-je, elles vont cimenter. Tu vas forcer de la mâchoire comme un débile pour rouvrir la bouche. Tu auras l'air d'un chien qui essaie de mâcher de la gomme. Tu vas même douter pendant un instant de la possibilité de ravoir un jour une yeule normale.

Bref, ne ramasse pas de bonbons dans les maisons de petits vieux.

Et ne te laisse pas intimider par le gosse de riches qui porte un costume de Superman avec un six-pack en plastique.

Commence de très bonne heure, genre 17 h 30, à passer aux portes. Cours entre chaque belle maison. Ne perds pas une seconde. Ramasse une quantité énorme de bonbons et reviens à la maison. Fais le tri dans tes bonbons, démaquille-toi, habille-toi chic avec une robe de chambre en velours et donne tes bonbons poches aux enfants qui viendront sonner chez vous. Tu auras la joie d'ouvrir la porte à tes compagnons de classe qui seront gênés, eux, d'être déguisés comme des enfants, devant toi qui donnes des bonbons comme une grande personne. Les petites filles de ta classe vont te trouver séduisant et mature. Et à 19h30, tu fermes la lumière pis tu vas manger tes bonbons, caché en dessous de ton lit, en jouant avec tes figurines de Star Wars.

Le meilleur des deux mondes !

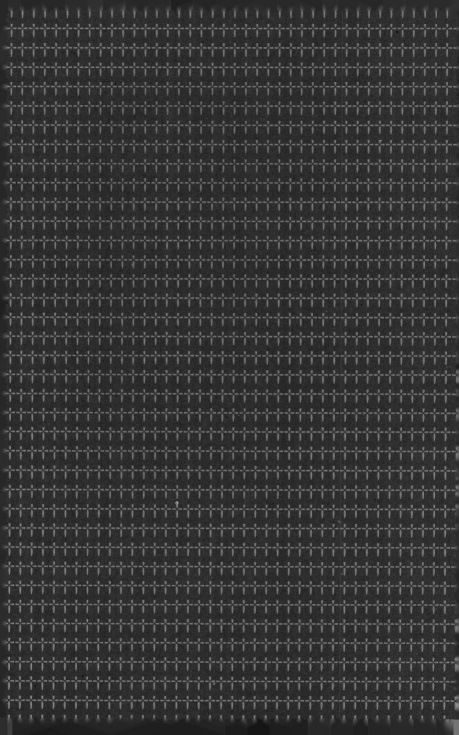

11. LA BAIGNADE

Quand on est petit, la baignade est la chose la plus amu-
sante au monde. En vieillissant, Fiston, tu vas réaliser
que c'est plate pas à peu près de flâner dans une eau
qui te chauffe les yeux et de flotter dans le pipi de tes
amis. Jusqu'à l'âge de 13 ans, tu vas tripper comme un
fou à faire des tourbillons et autres jeux sans intérêt,
mais ça fait son temps. Durant ton enfance, il n'y aura
pas de piscine à la maison ; c'est déjà décidé avec ta
mère. Non négociable. C'est pas vrai que mon fils aura
des « amis de piscine ». Les enfants chez qui il y a une

piscine sont populaires durant l'été, mais dès la rentrée scolaire, les petits morveux qui ont profité de la piscine creusée pis des limonades fraîches du mois de juillet se sacrent d'eux autres jusqu'aux prochaines vacances d'été. Tu feras comme moi quand j'étais petit, tu iras à la piscine publique du quartier. De un, tu évites un paquet de troubles à ta mère avec les *backwash* et les doses de chlore, pis de deux, tu pourras aller reluquer le bikini des petites monitrices. Vers l'âge de 11 ans, apporte des lunettes de soleil, ça cachera la direction de ton regard. Et, fais-moi confiance, reste à plat ventre sur ta serviette ; en début de puberté, ton imagination sera vite trahie par ton Speedo.

Ne reste pas planté devant le jet à pression de la piscine. Les petites filles pis les petits gars ont la mauvaise habitude d'aller se faire du fun là, et tu n'as pas envie que le sauveteur t'avertisse devant tout le monde.

Ne pince pas ton nez quand tu sautes dans l'eau. Ça fait faible. Tu ferais mieux d'utiliser la technique « expulsion nasale ». À la seconde où ta tête est ensevelie sous l'eau, tu expires, pas trop fort, par les narines pour les empêcher de se remplir et éviter d'avoir le front qui chauffe parce que tes sinus sont pleins d'eau chlorée. Mais expire tranquillement. Tu vas voir, ça ne prend pas grand-chose pour qu'une floppée de morve se dessine au-dessus de ta yeule. Pis un petit gars qui s'invite dans une game de Marco Polo avec une moustache de crottes de nez blanches, ça fait pas un chef de gang de BMX respectable. (Conseil supplémentaire en passant : quand tu as une crotte au bord du nez ou un cossin dans les dents, PERSONNE ne te le dit. PERSONNE. JAMAIS. Dans toute situation, vérifie régulièrement.)

Une dernière chose : si tu hérites de mon physique et que tu es un petit peu potelé, ne mets pas un t-shirt pour aller te baigner. Ça épouse les formes, pis tout le monde va les voir quand même, tes totons de monsieur. Assume-toi.

12. UN BON INVESTIS-SEMENT

84

Aujourd'hui, je t'apprends ce qu'est un bon investissement. Tsé, la petite grosse, rousse, avec des broches,
à l'école primaire ? Ne l'écœure pas. Sois smatte avec
elle. Quand vous jouez à bouteille, frenche-la même si
aucun autre garcon ne la trouve séduisante. Quand il
faut danser des slows, sacrifie-toi pis danse avec elle.
Laisse les autres l'ignorer et l'écœurer si ça leur chante :
tu vas vite comprendre qu'ils se tirent dans le pied.
Parce qu'une fois rendues au cégep, toutes les filles
passent par la célèbre phase « je me prends en main, je

mange bien, je me mets en forme ». Pis là, elle va faire ce que tout le monde fait au cégep :
• pas étudier ;
• faire le party ;
• baiser.

Durant cette phase-là, les filles se mettent à se nourrir de jus vert et de yoga, et veulent se venger de tous les gars qui ne les ont pas regardées depuis la maternelle. C'est comme un nouveau départ. Ta petite rousse, les broches lui ont laissé une dentition parfaite. Elle va perdre sa virginité avec Rakim, le gars de l'asso étudiante qui organise des randonnées de canot-kayak en rivière. Monsieur Adirondak qui fait des barres tendres maison. Là, elle va faire ses classes avec lui et devenir super cochonne. Un jour, tu vas la recroiser par hasard. À l'initiation de l'université, tu vas être attaché à un arbre pendant que du monde va te gunshotter du whisky dans la gueule avec un fusil à eau.

Et elle sera attachée au même arbre que toi.

Entre deux gorgées de whisky, tu vas lui dire :
— Hey salut ! Ça va ? Tu me reconnais ?
Elle, entre deux vomis acides, elle va te répondre :
— Heille ben oui ! Comment tu vas ? Viens-tu prendre un café à mon appartement après, pour dégriser un peu ?

Tu vas dire oui, Fiston ! Même si tu n'as pas pris de douche aujourd'hui et que tu as peur de ne pas être top top niveau « odeur en bas de la ceinture ». Tu ne refuses pas ! De toute manière, des trucs pour contrer les effets d'une grosse journée chaude dans tes shorts, il y en a plein. Rendu chez elle, demande-lui où est la salle de bain pis lave-toi rapidement le monsieur dans le lavabo. Tous les gars font ça.

À son appartement, il va y avoir une coloc. Toute une coloc... Parce qu'habituellement, les belles filles se tiennent entre belles filles. C'est un mystère que je ne peux t'expliquer. Dans une gang de filles, il y en a toujours une plus *chick*, mais en général les belles personnes se tiennent entre elles... C'est de même. C'est l'humain.

Pendant que vous prenez votre café, ta rouquine et sa coloc vont se mettre à jaser, pis la coloc va se rappeler :
— Heille, c'était toi, le gars qui a frenché mon amie quand elle était jeune et laide ?! Tu étais son premier kick !

Tu es le bon gars charmant qui a toujours vu en elle une belle personne, malgré son apparence. Les filles aiment ça ! Et puis, je te l'ai déjà dit, les filles se confient entre elles. C'est clair que la coloc connaît toute votre histoire. Et comme vous êtes jeunes et *wild*... Et comme tout le monde sera un peu chaudaille et émotif...

Bang ! Trip à trois !!! Bravo, Fiston !

Ça, c'est un excellent retour d'investissement, mon gars. Smatte au primaire = trip à trois à l'université.

Je sais que ce n'est pas très honnête, tout ça, mais c'est la vie. Advenant qu'elle reste grosse, ce n'est pas grave si tu couches avec elle. Tout le monde a déjà couché avec une petite grosse dans sa vie. Je veux dire... elles ne deviennent pas grosses en mangeant des oranges, tsé. C'est des gourmandes. Et pas juste avec la bouffe...

À l'inverse, il se pourrait qu'une belle fille soit vraiment gentille avec toi durant toute ton enfance. Sois honnête avec toi-même, et admets qu'à ses yeux, tu es dans la « friend zone ». Désolé de te l'annoncer : tu es un investissement, toi aussi... Et un jour, pour cette belle fille-là, tu seras des bras pour déménager. Rien d'autre.

13. LES BROSSES

09

Ta première brosse. Ça, mon fils, c'est un moment marquant dans la vie d'un gars. Elle aura probablement lieu dans le sous-sol de l'ami du cousin de ton ami qui a le look d'un Kurt Cobain prépubère, une fin de semaine que ses parents seront partis au chalet. Tu vas vouloir avoir l'air d'un gars qui a déjà fait ça, passer une veillée à boire, faque en passant, ta mère garde de l'alcool dans le petit bar brun qui appartenait à ton arrière-grand-mère, au cas où tu voudrais en piquer. Vole toujours de l'alcool clair — tu pourras faire passer ça pour de l'eau si tu te fais pogner. Quand tu arriveras au party, il y aura une fille qui aura fait la même chose que toi : elle aura volé de l'alcool dans le bar de ses parents. Sauf que l'ostie de conne, elle a tout mélangé les couleurs, et elle est allée verser ça dans un genre de gros deux litres de liqueur en plastique vide. Ne bois pas ça ! JAMAIS ! Tu seras beaucoup trop chaud, tu vomiras et quand tu iras te coucher, tu seras obligé de mettre un pied par terre parce que ça tournera trop.

Les brosses de sous-sol, c'est le fun... jusqu'à tant qu'un épais mette la chanson *Stand By Me* de Pennywise. Là, un mini trash d'adolescents caves va partir, et dans les mini trash d'adolescents, il y a toujours un petit mongol qui revole dans le mur et fait un trou avec son coude. À partir de ce moment-là, vous allez passer le restant de votre veillée à regarder le trou et à essayer de trouver une façon de le patcher avec votre expertise de petits gars paquetés de secondaire 2.

Après ça, viendront les brosses de bars. Tu passes tout ton cégep et ton université à flamber ton argent dans des shooters cheap et de la bière en fût. Tu te couches à des heures pas possibles, tu manges du fast-food, tu fumes trop de cigarettes, tu dors trois heures, pis tu te relèves frais et dispo pour aller à tes cours... PROFITES-EN.

Profites-en, parce qu'un moment donné, ça arrête. Tu frappes ce qu'on appelle le « mur ». Habituellement, c'est autour de 30 ans, ça, le mur. Une fois que tu as frappé le mur, tu n'es plus capable de sortir dans les endroits où le monde hurle au lieu de parler. Tu réalises qu'elle te gosse royalement, la fille qui cherche son manteau en gueulant après le doorman à la fermeture du bar. Pourtant, il y a quelques années, tu aurais été le premier à l'aider à chercher son Canada Goose, dans l'espoir d'avoir un *blowjob* dans le taxi... Tu essaies maintenant de te convaincre que tu es encore capable de brosser et de faire la fête jusqu'aux petites heures, tu refuses ton incapacité à boire autant qu'avant. Alors tu te lances en épais. Ça te prend une semaine pour t'en remettre, tu as mal aux cheveux... Tu as mal à ta vie. Tu as frappé le mur.

C'est irréversible.

Mais tu vas continuer à sortir pareil. Une fois de temps en temps (trois fois par année), tu iras dans des places où tu peux rester assis toute la soirée, où tu n'es pas obligé de crier et où tu peux prendre une bière de micro-brasserie à 9 $.

Ensuite, tel un vieux démon caché en toi, surgira le « party animal » de 50 ans ! Les brosses dans la cinquantaine, ça se passe en chemise déboutonnée, la bedaine pis la gorge rouges, au camping de préférence. Tu vas te promener en *cart* de golf et faire un fou de toi en jouant au limbo.

Fiston, profite de ton corps de jeune homme — un jour, il te lâchera, je t'en fais la promesse. Sois prudent... et amuse-toi.

P.-S. : Au fast-food à 3 h du matin, quand tu auras l'option de switcher la patate frite pour une poutine... fais-le. Plus c'est gras, mieux tu dors !

14. LE BAL DES FINIS-SANTS

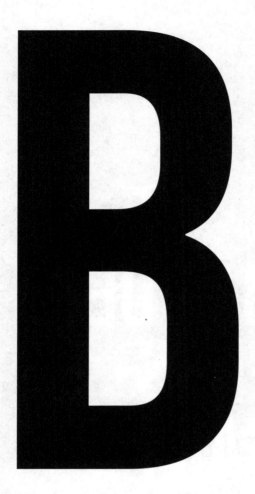

Bravo, mon fils! Tu as terminé le secondaire! J'espère que tu as eu du fun en masse. C'est maintenant le moment du bal, ce grand moment où ta mère va te prendre en photo 500 fois dans la cour avec la petite cute qui t'accompagne.

Première chose: ne sois pas le gars qui essaie d'être drôle et qui porte un *suit* laid bleu poudre pour faire rire ses chums. Ne fais pas la même erreur que moi: j'avais mis un kilt écossais parce que ton arrière-grand-père était écossais, pis que je trouvais que ça faisait différent pis mâle — c'était juste ridicule pis fucking laid. J'ai eu honte toute ma vie de regarder mes photos de bal de finissants. William Wallace entre une haie de cèdre et un filtreur de piscine, je peux-tu te dire que c'est pas la classe, comme photo souvenir... Va te chercher un beau complet noir, simple, pas trop frais chié, pas quelque chose que Marlon Brando aurait porté dans *Le Parrain*, mettons. Un suit à la Brando, c'est un peu prétentieux ; déjà qu'on a une face de marde à cet âge-là, pas obligé d'avoir l'air d'un trou de cul avec notre linge. Choisis de quoi de simple. La simplicité ne passe jamais de mode, pis ça va te faire des christies de belles photos souvenirs.

La petite cute qui va t'accompagner va tripper comme une folle sur le bal de finissants, elle va parler de sa robe, de ses cheveux et de son maquillage sans arrêt pendant les six mois précédant l'événement. Toi, ta seule et unique préoccupation sera de trouver un moyen d'apporter de l'alcool à la réception... et de faire rire tes chums (NE PORTE PAS DE KILT !). Le soir du bal, tu vas remarquer que toutes les filles seront ultra nostalgiques, capoteront un peu trop, brailleront, pendant que les gars, eux, chercheront un endroit pour se saouler en cachette. Même si tu trouves que la petite cute qui t'accompagne exagère avec sa préparation, laisse-la tripper. Pour les filles, c'est un moment important où elles peuvent se déguiser en princesses en espérant être la plus belle. Elles sont comme ça, c'est tout. Ta job sera de lui acheter un bracelet avec une fleur dessus. Informe-toi de la couleur de sa robe pour que ton cadeau matche.

N'arrive pas là-bas en limousine, c'est frais chié. Il y aura sûrement un oncle ou quelqu'un d'autre pour te proposer de te prêter sa décapotable. Refuse : tout le monde le sait que c'est pas ton char. Ne prends pas ta voiture non plus, car TU VAS ESSAYER TOUT LE LONG DE TE SAOULER, JE TE LE DIS DEPUIS TANTÔT ! Demande à ta mère d'aller te reconduire ! C'est gênant, mais responsable. Au pire, économise du cash et vas-y en taxi.

Durant le bal, tu vas réaliser que la soirée est plate en crisse. Plein de gens de l'école vont prendre le micro pour jaser d'anecdotes de radio étudiante et de voyage à Boston, ils vont même se donner des prix entre eux autres. Tu vas t'emmerder à regarder, entre deux bouchées de poulet sec, une vidéo rétrospective du secondaire. Tu vas juste avoir hâte à l'après-bal.

L'après-bal, ça ressemble à Woodstock ; tu te défonces, tu joues aux fesses pis tu dors dans une tente. Les filles saoules titubent dans le gazon en courant en talons hauts pour aller rejoindre leurs amis de gars plus vieux qui viennent de débarquer, et toi et tes chums, vous paniquez autour du feu en réévaluant vos chances de tripoter des filles. Les fameux gars *nowhere* qui débarquent dans les après-bal ! Des voleux de *chicks* ! Watche-les en tout temps pour ne pas qu'ils te piquent la petite cute qui t'accompagne !

P.-S. : Si tu te rappelles de ton après-bal, c'est que tu n'as pas assez bu.

15.
L'HISTOIRE DE L'HU- MANITÉ

Tu as terminé ton secondaire, tu es rendu un grand.
Nous pouvons commencer à jaser d'affaires plus im-
portantes. Ma job de père, c'est de t'apprendre la vie...
l'humanité... son histoire.

C'est bien connu, les profs d'histoire puent de la bouche.
Il existe réellement une haleine de prof d'histoire bien
particulière... C'est comme un mélange entre du clope-
café et du « je parle depuis trop longtemps ». Ils ont
comme les coins de bouche blancs avec un spring entre

les lèvres... Selon certaines rumeurs, c'est comme ça qu'on fabrique la guimauve.

Bref, à l'école, les profs d'histoire, ils suckent. Et ils n'ont pas le temps de vous expliquer individuellement toutes les affaires. Donc moi, ton papa, je vais t'apprendre l'histoire de l'humanité. Du mieux que je peux.

Tout a commencé avec le Big Bang. C'était comme une explosion dans l'espace, mais personne ne sait à quoi ça ressemblait. Ensuite, est arrivée la création de la Terre. Ça non plus, on ne sait pas trop comment ça s'est passé. Puis, des genres de bactéries seraient tombées des étoiles et auraient terminé leur course dans le fond de l'eau, on n'est pas encore certains de ça non plus. Ces patentes-là auraient formé les poissons. À un moment donné, les poissons en auraient eu plein le cul d'être des poissons, faque ils sont devenus d'autres affaires, mais avec des jambes.

Mononc' Bobby est impressionnant quand il met des grains de pop corn dans son nez, hein, mais ça sert à rien. Ben les dinosaures, c'était un peu ça : impressionnants, mais ils servaient à rien. C'est pour ça que Dieu a décidé de tous les tuer avec une météorite. Après, des singes sortis de nulle part se sont transformés en homo sapiens... Ça, c'est nous autres, man ! Après, il s'est passé environ 196 000 ans de *sweet fuck all* de monde tout nu dans la bouette... jusqu'au jour où Noé a construit un Titanic, mais en bois. Il a mis tous les animaux dedans pis s'est ouvert un zoo à Babylone ; il avait volé l'idée à un pharaon. Les pharaons, c'est ceux qui ont des chapeaux en forme de quilles avec des scorpions dessus ; ils marchent de côté pis ils construisent des pyramides.

Ensuite, tu as Moïse qui monte en haut d'une montagne, et là Dieu apparaît (un peu comme un hologramme). Il lui donne deux grosses tablettes de roche sur lesquelles il a gravé des shits. Dans ce temps-là, les tablettes de roche, c'était un peu comme les iPad d'aujourd'hui, mais sans logo de pomme croquée. Ah! La pomme croquée! Ça, ce serait à cause d'un cave, Adam, qui aurait pris une bouchée dedans. Ce qui fait en sorte que, comme tous les hommes, tu as une bosse dans la gorge. (*Long story*!)

Et Dieu, d'où vient-il? AUCUNE FUCKING IDÉE! On ne sait pas s'il est né durant le Big Bang ou si c'est lui qui l'a déclenché, mais une chose est certaine, il a une crisse de job que pas grand monde voudrait faire.

Puis, il y a l'autre, monsieur l'An Zéro. Jésus. Le fils de Dieu. Sa mère était vierge, mais supposément qu'un ange (les anges, ce sont les employés de Dieu) aurait lancé de la lumière sur son ventre ou son vagin (c'est pas super clair dans les livres, ce boutte-là), pis elle serait tombée enceinte de Jésus. Un genre de fécondation in vitro façon manga. Et Jésus est devenu le *foreman* des anges, jusqu'à ce qu'il se fasse clouer sur du 2 par 4... par qui? Par des Romains qui ne croyaient pas l'histoire du pitchage de lumière sur la bedaine.

Les Romains, c'est ceux qui vont à la guerre avec des casques de métal, mais en jupette. Eux, ils ont dominé pendant un bon boutte, et César (l'empereur, pas le gars de la vinaigrette — pas que je sache, en tout cas), c'était le boss de cette clique-là pendant un bout, jusqu'à tant que ses chums complotent contre lui et se mettent en gang pour le poignarder. Même son fils aurait participé à son assassinat. Pas nice, hein!?

Et il y a aussi les Grecs. Eux sont couchés de côté dans les escaliers de l'Acropole, à manger des raisins. L'Acropole, c'est comme une maison pas finie, pas de murs, avec juste des *beams*. Les Grecs de la Grèce antique inventent les Olympiques et tripotent des petits gars. On appelle ça la pédérastie. C'est weird, mais paraît que c'était normal dans ce temps-là! Les Grecs sont *fucked up*! Ils passent leur temps à réfléchir... comme des philosophes. Encore aujourd'hui, on étudie les textes de ces gars-là. (En passant, les étudiants qui font un bac en philo, ils sont vraiment cool sur le coup. En général, ils finissent propriétaires de Belle Province.)

Après ça... Bang! *Collapse*! C'est le Moyen-Âge! Pendant mille ans, personne ne se lave, personne ne se rase, sauf Kevin Costner dans le film *Robin des Bois*. Les paysans se vêtent de bouts de tissu laittes, construisent des maisons en paille et crèvent pus de dents. Le Moyen-Âge est venu tout saloper ce que les peuples des autres époques avaient bâti avant eux. Les Romains et les Grecs avaient de belles cités, le monde au Moyen-Âge avait des châteaux creepy pis des maladies.

La Renaissance. Ça s'améliore un peu! Molière révolutionne le théâtre, on compose des symphonies, mais on se maquille la face à l'arsenic pis on chie par terre dans le palais de Versailles. Dans les endroits plus pauvres, on lance notre caca par la fenêtre, dans la rue. Je ne sais pas si, grâce à ce qu'ils mangeaient à cette époque-là, leurs étrons sentaient le café chaud à la cannelle, mais une chose est certaine : les gens de la Renaissance n'étaient pas les lauréats du grand gala de l'hygiène.

Et en 1492, qu'est-ce qui est arrivé? La découverte de l'Amérique. C'est simple. Un gars est parti en bateau. Il s'est trompé de place. Il a trouvé des êtres humains sur un continent inconnu, les a bullshités sur l'histoire du dude de tantôt, celui qui est né dans le bedon magique de la vierge. Ils n'ont pas trippé. Le gars est allé chercher des chummys, et ils sont revenus convaincre les êtres humains du continent inconnu en les gavant violemment de connaissances tirées d'un livre qui, d'après eux, racontait « la vraie histoire de l'humanité ». La vedette, c'était pas Harry Potter, c'était Jésus, pis ce livre-là, c'était la Bible. La Bible, c'est un genre de recueil de textes de plusieurs écrivains qui racontent grosso modo tous la même histoire, mais pas dans le même ordre. Les chapitres sont tout croches, y a des versets, ça se lit de façon aléatoire. Pour être honnête, c'est un peu complexe. J'ai hâte qu'ils sortent le tome 2 pour mieux comprendre.

Ensuite, rien d'intéressant jusqu'aux cowboys. Des guns, de la boisson, des filles en robe à froufrous qui dansent le French cancan, placées en ligne à donner des coups de pied toutes en même temps.

Le début du XXe siècle ! Ça, ce n'était pas rose, mon fils ! L'humain trouvait ça logique de taper sur la main gauche d'un gaucher parce que le fameux livre dont on a parlé tout à l'heure lui disait de le faire. Les familles étaient forcées de fabriquer une chiée d'enfants au détriment de la santé des femmes, parce que le livre leur disait de le faire. Et si tu parlais contre le livre, eh bien, tu étais damné et rejeté ; ça disait ça aussi dans le livre.

Première Guerre mondiale, grippe espagnole, crash boursier... Seconde Guerre mondiale, où les gens ont appris toute une leçon : Quand tu as un ami peintre qui suck, tu ne lui dis pas ! Parce que ça se peut qu'il devienne vraiment fâché, qu'il se laisse pousser une petite crisse de moustache laitte pis qu'il essaie de conquérir le monde. Faque tu fermes ta yeule pis tu lui achètes une toile.

Pendant des siècles, les femmes n'ont pas eu les mêmes droits que l'homme. Au XXe siècle, elles se fâchent et brûlent des brassières. Rien d'autre à dire que : Damn ! Y était temps ! Encore aujourd'hui, et même à ton époque, j'en suis sûr, elles se battront pour l'égalité. J'espère que tu marcheras à leurs côtés pour les soutenir... pis pour tenir leurs brassières en feu. (Pendant que tu auras une brassière dans les mains, profites-en pour te pratiquer à l'attacher et à la détacher, parce que bâtard que c'est complexe !)

Après ça, c'est les années 1950. On boit des milkshakes dans des chars cool. On déteste tout ce qui n'est pas comme nous, c'est-à-dire blanc, capitaliste et hétérosexuel. Mais tout ça changera dans les années 1960 et 1970. Pourquoi ? *Weed and porn, man.*

Durant les années 1980, on fait du cash, on fait de la coke pis on danse mal sur la musique de Duran Duran. Pendant les années 1990, il ne se passe pas grand-chose, à part que les Canadiens gagnent une coupe Stanley et que Bruce Willis sauve Ben Affleck dans le film *Armageddon*.

Et après ça, c'est le XXIe siècle. Le nouveau millénaire. Tout le monde est un terroriste, le réchauffement climatique fait rage, l'économie rushe, les peuples font la révolution, il y a du cancer dedans notre manger... Ça ne va pas super bien, pis une bonne partie des problèmes est reliée au fait que d'autres gens croient en un fameux livre « aussi important que la Bible », pis tout le monde s'obstine à savoir lequel a la bonne version. Pendant ce temps-là, ce qui préoccupe le plus les gens du Québec, c'est de savoir qui va gagner à l'émission *La Voix*.

Faque dans le fond, nous, humains modernes d'aujourd'hui, on ne sert pas plus à grand-chose que les dinosaures.

Voilà ! J'espère que tu en connais un peu plus sur l'histoire. Je t'ai raconté tout ça au meilleur de mes connaissances.

P.-S. : Je n'ai pas parlé des Mayas parce qu'ils nous ont foutu la chienne avec leur calendrier pis leur histoire de fin du monde en 2012, pis en fin de compte il s'est rien passé.

16. LA LOI DU PLUS FORT

Fiston, souvent, l'être humain a tendance à faire son frais. Il se trouve tellement hot d'être au sommet de l'échelle de l'évolution. Il a un pick-up, un bateau, un chalet... Il est forcément au top ! La vérité ? Quand un être humain se paye des bébelles à outrance, ça vient juste confirmer que lui aussi, il appartient au règne animal.

Je m'explique. Dans le règne animal, tout est *basic*. Les animaux ont des besoins simples : manger, dormir, fourrer ou, plus poliment, s'accoupler. Tu vas me dire :

— Ouan, mais l'humain est quand même plus complexe que ça...

Euh, pas vraiment. La seule différence, c'est qu'un moment donné, nous autres, on a perdu notre poil et on a eu frette, faque on a inventé toutes sortes d'affaires pour améliorer notre condition de vie. Crois-moi : on n'en est peut-être pas conscients, mais notre cerveau primitif s'en souvient en ostie que l'oiseau qui fourre/s'accouple le plus, c'est celui qui a le plus beau plumage.

Baiser, c'est une question d'apparences. Donc, pour baiser, il faut que tu aies l'air d'être autre chose que ce que t'es. C'est ironique, mais c'est la base.

Retournons à la préhistoire. L'homme des cavernes a vite compris que pour s'accoupler, il fallait qu'il ait l'air de pas être un tout-nu. En observant ses semblables, il a catché que les femelles auraient jamais envie de se reproduire avec le défectueux qui se crosse en lançant son caca à l'autre bout de la grotte. Il a remarqué que si les mâles ordinaires baisaient de temps en temps, celui qui avait toutes les *chicks*, c'était le mâle alpha. Donc, pour faire croire aux *chicks* qu'il était un mâle alpha, il s'est mis à se fabriquer des bijoux et des parures (dans ce temps-là, si t'avais une peau de mammouth sur le dos et un collier fait avec une mâchoire de loup, tu étais le Ryan Gosling de ta tribu).

Ce n'est pas tout le monde qui pouvait se permettre de faire de l'artisanat avec des morceaux de mammouth et de loup ! Certains étaient obligés de se démerder avec de la peau d'écureuil et un crâne de siffleux. C'est là qu'est apparu ce qu'on appelle « les classes sociales ».

Au début, la différence entre cool et pas cool tenait à : « De quelle manière tu réussis à faire du feu ? » Si tu y arrivais avec deux trois coups de roches, tu ne dormais pas tout seul ce soir-là. Si tu étais le mongol qui tapait deux pommes vertes ensemble en braillant : « Pourquoi ça marche pas ?! », tu grelottais tout seul dans ta caverne, mon homme ! Le cool avait non seulement plus de choix parmi les femelles, mais il mangeait en premier et on lui réservait le meilleur spot à côté du feu, pendant que le mâle moyen fourrait les moins belles et que le défectueux... ben, le défectueux, lui, il ne fourrait pas, et tout ce qui lui restait une fois que les autres avaient mangé, c'était le museau pis les yeux, et un moment donné il mourait. Quins toé ! Merci, sélection naturelle et darwinisme ! (Ça, ça vient d'un dude qui s'appelle Charles Darwin ; c'est le gars qui a inventé les posters du singe qui se transforme en humain.)

Ç'a l'air que ça fonctionnait, ce beau système-là. Donc, on a donc laissé ça de même. Bon, on a quand même peaufiné la formule, et on a raffiné nos parures. Au lieu de porter des peaux d'animaux, on porte des imprimés de léopard... et généralement, celles qui portent les imprimés de léopard ne chassent pas ; elles sont les proies.

Et pour que ce ne soit jamais plate, on a instauré un genre de règle non écrite qui fait qu'après un certain temps, juste parce que ça nous tente, tes vêtements et ta coupe de cheveux deviennent du jour au lendemain démodés. Ceux qui sont pas capables de suivre, ils vont moins s'accoupler, donc moins se reproduire... et leur lignée va s'éteindre. Quins toé ! Pas besoin de ça, du bois mort. Sélection naturelle.

De nos jours, plus besoin de savoir chasser, de savoir partir un feu, d'être fort... Tu as juste à avoir du cash et tu seras correct. La game n'a pas changé, c'est l'équipement qui n'est plus le même.

Ce que j'essaye de te faire comprendre, Fiston, c'est que la loi du plus fort existe toujours. Au fil du temps et des évolutions, le chasseur est devenu banquier. Et le défectueux passe le voir une fois par mois pour lui quêter du crédit.

17. LE FROTTAGE

Mon homme, tu vas arriver à un moment dans ta vie où tu seras trop vieux pour juste donner des becs et trop jeune pour faire l'amour. Tu vas entrer dans la phase du « frottage ». Le frottage, c'est faire l'amour avec quelqu'un dont on est séparé par une membrane de jeans. C'est comme aller dans un magasin de jouets et jouer avec les bébelles à travers l'emballage.

À cet âge, plusieurs de tes chums vont essayer de te donner des conseils... Bullshit ! Tu écoutes juste les miens !

Dans la cour d'école, ils vont te dire des affaires comme :
— Mon cousin de Joliette, celui qui a une carabine à plombs, il m'a dit que pour frencher une fille il fallait mettre sa langue dans sa bouche pis tourner ben ben vite.

Quand tu vas embrasser une fille, le meilleur conseil que je peux te donner, c'est de ne surtout pas enfoncer ta langue dans sa bouche pour tourner ben ben vite. Nenenenenon ! Vas-y avec des grosses lèvres molles et pulpeuses et des petits coups de langues. Il faut que la fille ait l'impression de recevoir un massage de bouche. Le but : lui donner un feeling de mou réconfortant, comme un pouf ou un Sac magique, mais avec ta bouche et ta langue. Tu peux même mordre un peu la lèvre… mais pas trop fort ! Pas un mordillage du genre « J'essaie de défaire un nœud avec ma yeule », mais plus comme si tu enlevais des écales de graines de tournesol.

Tu es rendu à aller faire un tour chez ta nouvelle blonde. C'est l'après-midi, vous avez parti un film dans le soussol, ses parents t'ont invité à souper après. Vous avez 12 ans et vous regardez le film *Titanic* collés (c'est un classique). Il te faudra être fin stratège et choisir le bon moment pour la frencher. N'attends pas la fin du film ! Le personnage de Jack (Leonardo Di Caprio) est un peu cave, il ne veut pas embarquer sur la porte de bois qui flotte dans l'eau (en passant, le bateau coule à la fin), alors il CRÈVE DE FRETTE ! Ben oui, je te vole le punch, pardon. C'est que c'est assez intense, comme bout — quand le cadavre de Jack coule au fond de l'eau, ce n'est vraiment pas un bon moment pour frencher. Au début du film, Rose (sa blonde depuis deux jours) sortait avec un autre gars (un douchebag), mais elle ne l'aimait pas. Elle venait d'une famille riche et elle était obligée de chiller avec le frais chié, qui lui avait offert un gros collier à diamant qu'elle portera pendant que Jack la dessinera nu-boules sur le divan. (N'embrasse pas ta blonde pendant ce bout-là non plus, tu auras l'air d'un obsédé incapable de se contrôler quand il voit une paire de totons.) Après ça, tout le monde meurt. Il y a un gars qui se pète les jambes sur l'hélice, le partenaire de poker de Jack se fait écraser par une énorme cheminée... Et s'embrasser pendant que des gens meurent, c'est pas top. D'après moi, Fiston, ta meilleure chance de frencher ta blonde pendant le film, c'est quand Rose et Jack baisent dans le char (juste avant que le bateau coule). Ton go, c'est quand la main de Rose va beurrer le windshield embué.

En passant, pendant le film, tu vas peut-être te dire qu'être pauvre et apprendre à une fille riche à cracher sur un bateau, c'est winner. Pas tant que ça. N'oublie pas que Jack finit pareil dans l'eau frette, incapable de monter sur une porte qui flotte...

Cependant, malgré toutes ces stratégies pour choisir le moment de french idéal, si tu retiens de moi, tu vas brailler comme une fillette en regardant des films tristes. Pis embrasser une demoiselle pendant que tu renifles parce que Jack est pas fucking foutu d'embarquer sur une porte pour survivre... c'est humiliant.

Donc, on en est au bout du windshield, et toi et ta blonde, vous vous êtes un peu embrassés. Si ça se met à devenir hot, ne la laisse pas trop t'embrasser dans le cou, parce que là, tu vas pogner une érection. Pis quand ses parents vont vous appeler pour monter souper, tu vas être pris pour marcher les fesses ressorties. Le père de ta blonde, c'est pas un cave. Il sait très bien que tu as des gouttes de prépubère trop excité dans tes boxers parce que tu viens de tripoter sa fille. C'est pour ça que quand vous allez retourner au sous-sol après le souper, il va descendre aux deux minutes en faisant semblant d'être ben occupé et en disant qu'il doit aller chercher des affaires dans la pièce à débarras. Pour t'en débarrasser, dis-lui quelque chose comme :
— Quand je suis arrivé tantôt, j'ai remarqué que vos pneus de voiture étaient mous.

Il va te répondre :

— Qu'est-ce que tu dis là, toi ? Ils ne sont pas mous !
Tu rétorqueras :
— Eh bien, si j'étais vous, j'irais les faire gonfler au
garage avant que les *rims* percent les *tires*.

Et il va aller dehors pour jeter un coup d'œil à ses pneus.
Si tu es brillant, mon fils, tu les auras dégonflés avant
d'entrer dans la maison.

Tu as maintenant le champ libre. Il est parti ! Frenche-
la à en avoir mal à la gueule. À en avoir les babines
engourdies. Si, pendant que tu l'embrasses, tu glisses
ta main dans le bas de son dos et qu'elle courbe son
corps pour coller ses seins contre toi, C'EST UN GO ! Ça,
c'est un des plus beaux moments de la vie d'un homme.
La première fois que tu pourras te dire dans ta tête :
« Ok, je le fais ! Elle veut ! C'est moi le meilleur, je vais
toucher ses seins ! » Alors tu glisses doucement la main
vers sa poitrine.

Premièrement : Si elle dit non, tu la lâches. Tu lui mets
pas de pression. Tu respectes la madame. J'espère que
c'est bien compris !

Deuxièmement : Si elle veut, calme tes ardeurs et ne pogne pas les seins trop fort, tu vas lui faire mal.

Il ne faut pas que tu oublies que les seins, ce sont les
couilles du *chest* ! La première fois que tu voudras
jouer dans une brassière, vas-y par en haut. Sinon tu
vas remonter le cerceau, ça va écraser le mamelon, un
petit bout de boule va sortir tout croche, pis personne
est jamais à l'aise là-dedans.

Il est peu probable que vous finissiez par envoyer
revoler vos chandails dans le sous-sol de chez ta blonde
à 12 ans. Mais quand tu seras rendu un peu plus loin,
fils, tu verras que la poitrine d'une fille, c'est un monde
à découvrir.

Pour tes expériences de frottage avancé, voici d'abord quelques techniques :

1. Le moulinet
Les filles ne trouvent pas ça super le fun, mais elles te pardonnent si tu es débutant.

2. Le petit monsieur qui fait du pain
Il faut que tu serres les seins assez fort pour être sûr que des petits plis de peau te sortent entre les doigts.

3. Le *cut* de cigarette
Quand tu prends le sein, il faut que tu t'assures que le mamelon soit positionné entre l'index et le majeur.

4. La courte échelle
Ça, c'est quand tu prends le sein par en dessous pis que tu le remontes. Mais laisse-le pas retomber, par exemple ; il y a des glandes pis des shits là-dedans, pis un moment donné, la demoiselle va devenir ben inconfortable.

Des seins, c'est comme les voitures : tu dois essayer différents modèles pour découvrir celui que tu préfères. Parmi les différents modèles, tu as les trompettes, les bananes, les mitaines de four, les bas collants avec une orange dedans, les petites galettes, les grosses galettes, les mous, les durs, avec des mottons, pas de mottons, les jumeaux non identiques, les petites craques, les grosses craques*, les longues craques, les courtes craques, les remontés pour rien, ceux qui tombent pour rien, ceux qui tombent de chaque côté, les gros bruns de salon de bronzage, avec des vergetures, pas de vergetures...

Peu importe de quoi ils ont l'air, ce sont deux belles petites œuvres d'art.

---

* Une craque est trop large si tu peux mettre une main au complet entre les seins. Un doigt ou deux, passe encore, mais toute la main, non ! Quand tu places ton visage entre ses seins et que tu te cognes le nez contre son sternum sans que les seins te touchent les joues, c'est trop large. L'idéal, c'est quand ta carte de guichet est limite difficile à passer.

Pour bien choisir une paire de seins, il y a plein de facteurs. Il n'y a pas juste la grosseur ou la rondeur. Les pines (aussi appelées mamelons, *patchs*, *washers*), ça compte. Quand ça ressemble à des orteils de bébé, c'est super cute, mais quand ça ressemble à des orteils de gars de la construction... no fucking way. Quand la paire de seins est géniale mais que la pine, super laide, a l'air d'un stoppeur de portes, ça, ça fait mal à un cœur d'homme...

Le mamelon, c'est super important. Il faut qu'il soit proportionnel au sein. Tu ne veux pas te retrouver avec une pastille grosse comme un sous-verre qui a l'air du logo de MasterCard. La couleur aussi, ça compte. Trop brun, trop noir... Il faut que ça aille avec la teinte de la peau. Pire qu'une grosse *patch* : la grosse *patch* avec du poil. Quand tu peux faire des tresses de boules et que le sein ressemble à un capteur de rêves, sauve-toi !

Autre chose : ce n'est pas parce que les seins sont gros qu'ils sont nécessairement parfaits. Plus ils sont gros, plus ils deviennent mous ! Et, Fiston, méfie-toi des seins refaits. Demande-toi toujours : « Qui c'est qui a payé pour ça ?! » Moi, je connais des filles qui se sont servies de leurs seins refaits pour payer leurs études... mais je ne connais aucune fille qui s'est servie de ses études pour se payer des seins.

P.-S. : Si tu n'as pas un beau pénis, tu ne peux pas rire des seins. J'espère que c'est bien compris. La femme que tu aimeras t'offrira sa paire de seins, et tu dealeras avec sans chialer... Internet existe justement pour ça : aller voir d'autres seins.

18. TU QUITTES LA MAISON

124

Durant ton adolescence, tu as claqué ta porte de chambre à répétition en hurlant: «J'ai tellement hâte de partir en appart pour faire ce que je veux!!» Eh bien, bravo! Tu as 18 ans et tu quittes la maison familliale. C'est maintenant le moment où tu passes à l'étape «je vole de mes propres ailes, mais j'ai encore foutrement besoin de mes parents». Tu vas retourner souper chez ta mère pour lui téter de la bouffe parce que tu es incapable de cuisiner autre chose que des pâtes. Un mois sur deux, tu vas l'appeler pour qu'elle te prête du cash parce que tu as reçu une facture salée de ton fournisseur Internet et que tu viens de réaliser combien c'est cher de dépasser ton forfait. Quand quelque chose va briser chez vous, tu vas... le laisser brisé jusqu'à tant qu'un adulte le répare. Et il y a toute une différence entre toi et un adulte. L'adulte prend les choses en main. Le jeune adulte attend qu'on lui demande de le faire... Mais c'est toujours mieux que l'adolescent qui, lui, est convaincu qu'on se bougera à sa place.

Ta mère est aussi contente que toi de ton départ de la maison. Même si elle a pleurniché un peu le jour de ton déménagement, ne t'y méprends pas... ça fait son affaire ! Pourquoi penses-tu qu'elle a proposé de payer le camion ?

Ton premier déménagement sera relativement facile car les adultes vont tout gérer pour toi. Ton deuxième, par contre, celui où tu emménageras avec ta blonde... BÂTARD que tu seras stressé, parce que ta blonde te rappellera aux deux secondes qu'il y a quelque chose de pas correct :
• la grosseur du camion ;
• le nombre de personnes pour déménager ;
• ta shape de poire et ton incapacité, malgré tes efforts de mâle, à soulever des patentes pesantes.

Mon conseil quand tu seras rendu là : ne stresse pas. Laisse ta blonde s'énerver. Ne porte pas le fardeau de son anxiété.

Mais aujourd'hui, on n'en est qu'au premier, donc pas de panique.

Je t'ai préparé un petit glossaire pour t'aider à identifier les gens qui t'entoureront dans ton déménagement. Comme ça, tu sauras à quoi t'en tenir.

L'organisé ! C'est ton ami qui a un pick-up et qui arrive chez toi vers 6 h du matin, son thermos de café en *stainless* dans une main, des courroies dans l'autre et ses vieilles bottes de construction dans les pieds. Il est OVER motivé. Ça, c'est le gars qui déménage quatre personnes chaque 1ᵉʳ juillet. Il n'a pas le temps de niaiser avec tes affaires. Il grimpe les escaliers à coups de trois marches, il prend des meubles pesants à lui tout seul et a le temps de faire trois voyages pendant que madame Bandana gère un petit panier rempli de produits de salle de bain.

Madame Bandana, c'est celle qui passe plus de temps à se faire aller la gueule en donnant des ordres et des directives qu'à transporter des affaires. Elle a mis ses beaux vêtements de sport et porte un bandana pour cacher ses cheveux parce que crisse qu'elle connaît ça, les déménagements ! Elle va déplacer une lampe pis deux trois cossins légers dans toute sa journée. Madame Bandana a souvent une voix gossante sur le bord de te rendre fou. Elle se met dans les jambes des gars qui transportent un frigo en leur hurlant qu'il faut forcer des jambes et non du dos.

La maman armoires ! Son nom indique clairement de qui il s'agit. Elle nettoie tes armoires et, si tu es chanceux, elle te tendra un tournevis à la demande ; ce ne sera jamais le bon, mais l'intention y sera. Elle est parfaite pour donner des ordres à Papa tablettes — lui, c'est le papa qui a des problèmes de dos et qui ne peut pas forcer. Sa job ? Faire de la finition : poser des tablettes, ploguer la télé, installer une poignée de porte et payer la bouffe.

Les soldats en vieux t-shirt, ce sont tes chums de gars semi efficaces qui font des jokes de cul et travaillent comme des syndiqués (juste quand tu les regardes). Ils sont sous la gouverne de madame Bandana, qui veille au bon fonctionnement de la journée.

L'estropié. Il va se faire mal avec la porte du four en début de matinée, saigner un peu et passer le restant de la journée à chialer sur sa blessure enroulée dans une vieille débarbouillette. Il va la montrer aux gens qui passent près de lui en espérant des commentaires du genre : « Pauvre toi ! Assis-toi deux secondes pour te reposer. »

Le dernier et non le moindre : Le gars en retard. Il arrive en milieu ou en fin de journée, aucunement habillé en fonction d'un déménagement. Il déplace trois quatre petites boîtes, puis il profite de la bière et de la pizza gratuites comme s'il avait passé la journée à suer.

Un déménagement, c'est exigeant, mais j'en ai jamais vu un aller mal au point où le gouvernement décrète deuil national et drapeau en berne pour un frigidaire échappé dans un driveway. Et fais tes boîtes à la dernière minute ! Ça donne rien de tout faire un mois à l'avance, pour passer les 30 prochains soupers à fouiller dans 18 boîtes pour trouver une spatule.

Bon déménagement, ti-cul !

19. LES BARS

Fiston, tu es maintenant en âge de fréquenter les bars. Voici quelques règles simples qui t'éviteront des ennuis inutiles.

Tout d'abord, dans un bar, ne porte pas de lunettes fumées à l'intérieur. Jamais. Pas de soleil, pas de lunettes. Il n'y a aucune chance pour qu'une fille s'approche de toi dans un bar parce que tu as des lunettes fumées, pour te dire une phrase comme :
— Oh wow, tu dois être un pilote !

Ne sois jamais le premier gars à aller danser sur un *dance floor*, surtout si c'est pour faire des moves de breakdance poches pis pour crier des affaires comme :
— La nuit nous appartient !

Ne passe pas la soirée à la machine à toutous dans le fond du bar, même si tu trouves ça drôle d'essayer de pogner le dildo que le propriétaire a mis entre les toutous. Ce n'est pas hot, un gars dans un bar qui essaie de pogner un dildo dans une machine à toutous.

Essaie d'éviter les conversations louches aux urinoirs. Fixe la pub affichée devant toi et ne fais aucun contact visuel, sinon tu vas être obligé de sortir des phrases comme :
• Ça fait du bien de pisser !
• Tu en bois une, tu en pisses douze !
• Y a de la plotte à soir !

Si ton voisin d'urinoir se met à te parler, recule pour lui montrer ta graine et fais aller tes sourcils en parlant dans une autre langue. Je te garantis qu'il ne t'achalera plus de la soirée.

Si tu es à la recherche d'un one-night (voir mes conseils à ce sujet, plus loin dans le livre), tu as juste à payer une tournée de shooters de tequila aux filles habillées en léopard. Une fois que les verres sont sur le bar, observe la meute. S'il y en a une qui lèche son citron et qui croque dans la salière, investis : c'est avec elle que tu as le plus de chances de scorer. Elle est assez avancée pour que tu puisses lui faire croire n'importe quoi pour la ramener chez vous. Raconte-lui que tu fais accoucher des éléphants à temps perdu. Elle sera bien impressionnée.

Chaque fois que tu vas sortir dans un bar, tu vas trouver que la barmaid est cool, hot ou sexy. Quand elle sort de derrière le bar à la fin de son shift, si tu as une chance, suis-la discrètement jusque dehors. Tu risques de la voir embarquer dans une Sunfire jaune avec des autocollants de Garfield dans les vitres, un sauve-pantalons Winnie l'Ourson, un collier en fleurs autour du miroir pis un volant de Tweety Bird.

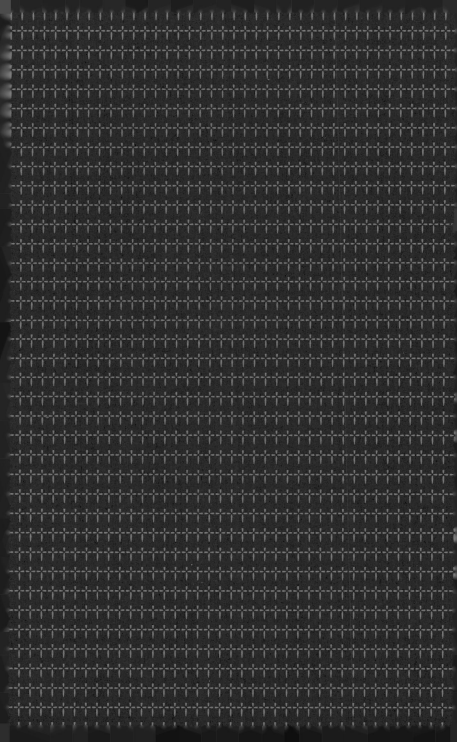

20. LA SAINT-JEAN-BAPTISTE

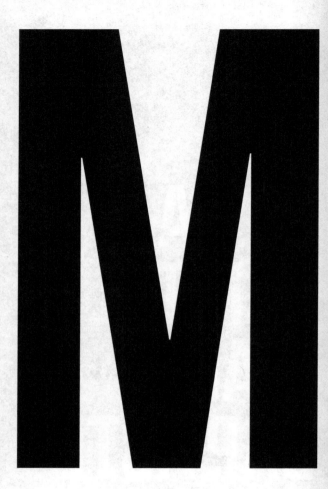

Mon fils, ce que tu verras tout au long de ta vie dans les partys de la Saint-Jean-Baptiste te marquera. Il y a du beau comme du laitte.

Il y a trois sortes de party de Saint-Jean.

1. Le party municipal

Ça se passe au grand parc du coin. Tu y croiseras du monde de ton voisinage, comme ton livreur de poulet, la madame de l'épicerie, ton docteur, sauf que là ils sont tous paquetés et se clenchent des steamés à 1 $ faits par des bénévoles en t-shirt sale. Le band qui passe en fin de soirée te jouera les mêmes tabarnak de tounes qu'on entend à chaque Saint-Jean. D'ailleurs, si tu as un jour le projet de déménager dans une autre ville, commence par regarder qui sont les têtes d'affiche à la fête de la Saint-Jean-Baptiste. Si c'est des artistes comme Les Cowboys Fringants, Les Trois Accords ou Vincent Vallières, tu peux aller habiter là. C'est signe que c'est une ville qui a du cash. Si c'est un *has been* des années 1970 ou un ancien acteur-musicien du téléroman *Épopée Rock*... oublie ça.

Dans ton party municipal, il y aura la section du parc réservée aux plus jeunes et aux drogués. Ado, tu vas te rendre en vélo dans le fond du parc avec une gang pour prendre des champignons étranges, pis vous allez regarder le feu de la Saint-Jean et les feux d'artifice comme si c'était la plus belle chose que vous avez vue de votre vie. C'est normal, mon fils, qu'un jour tu fasses le party là. C'est un des rites de passage de notre fête nationale.

2. Le party de cour (pas mal plus le fun)
Ça, c'est quand un de tes bons chums t'invite chez eux. Un petit feu tranquille dans la cour, de la bière pour tout monde, du bon barbecue, pis on jase de René Lévesque et du retour des Nordiques. *That's it*. Le truc que je peux te donner : choisis le party de cour le plus proche possible du party municipal, comme ça tu vas pouvoir regarder les feux d'artifice sans être coincé dans la foule qui chante du Paul Piché. Mais réjouis-toi pas trop vite... Il y aura toujours deux trois fatiguants qui vont retontir avec des guitares sèches pis des tam-tams pour te jouer le crisse d'*Heureux d'un printemps*.

Quand la soirée avancera, le dude que tu tolères, tsé le « citoyen du monde », le hippie bouddhiste qui mange seulement des affaires crues mais qui fume des Du Maurier ? Il va se mettre à jouer du Tryo en disant que le nationalisme, il ne croit pas à ça, car il rêve d'un monde sans frontières. Ça, habituellement, c'est le signal du départ. Quitte la fête avant qu'un débat sur les enfants non vaccinés parte une guerre dans une cour du 450.

3. Les plaines d'Abraham

Si, pendant les 364 autres jours de l'année, les gens mettaient autant d'énergie à s'impliquer dans la politique québécoise qu'à faire le party à la Saint-Jean, BÂTARD que ça irait bien au Québec ! Je te jure, Fiston. Les plaines d'Abraham, un soir de Saint-Jean, c'est : des centaines de milliers de personnes un peu trop sur le party, du monde qui se tripotent sur le bord des haies, des gars en bedaine qui font des solos d'*air guitar* en chantant *Mes blues passent pu dans porte*. Des cégépiens qui se promènent avec des drapeaux du Québec en guise de cape, des chapeaux haut-de-forme en feutrine bleu et blanc pis une fleur de lys dessinée dans face. Des familles qui portent des colliers-tubes avec un genre de liquide fluorescent dedans, du monde trop chaud qui veut se battre, un spectacle avec Normand Brathwaite un peu trop fatigué qui joue des percussions pas su'é temps sur une toune de Mes Aïeux.

La Saint-Jean, c'est comme aller chez Poulet frit Kentucky. Tu sais que tu vas être déçu, mais tu y vas pareil. Il y a quelque chose dans cette fête-là qui nous fait passer par-dessus nos divergences d'opinions, pis qui fait que chaque année à la même date, on se fait une vodka-jus d'orange qu'on cache dans un packsack pour déjouer un étudiant de Nicolet un peu trop zélé qui surveille une guérite. Il y a quelque chose qui fait que chaque année à la même date, on se réunit pour écouter les mêmes 12 tounes de marde. Pis je pense que ce quelque chose-là, Fiston, c'est notre besoin d'être ensemble...

P.-S. : C'est quand tu utiliseras des toilettes chimiques que tu te rendras compte qu'il y a des gens qui font des cacas vraiment bizarres.

21.
COMMENT CUISINER QUAND TU REÇOIS UNE « DATE »

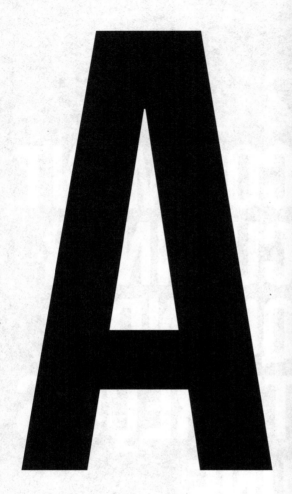

A

FISTON

—

COMMENT
CUISINER
QUAND
TU REÇOIS
UNE
« DATE »

142

Aujourd'hui, je vais te montrer comment tirer ton épingle du jeu avec la bouffe.

Je t'entends déjà me dire :
— Mais papa, je ne sais pas comment faire du bon manger...

Je te rassure : il ne faut pas être bon en cuisine, mais se donner l'air d'être bon. Un peu comme les propriétaires de bar ou de restaurant qui se pavanent avec une barbe de trois jours et une chemise noire aux manches roulées jusqu'aux coudes pour nous montrer leurs tatouages de brocolis sur les avant-bras. Ces types te parleront toujours sur un ton condescendant qui, en fait, veut dire : « Crisse que je suis en contrôle de la situation. »

À RETENIR : Si ta « date » est ta future femme, oublie tout ce qui est écrit dans ce chapitre. Tu ne fais pas ça à une fille avec qui tu penses partager ta vie pour de vrai. Par contre, s'il s'agit d'une demoiselle de one-night et que tu veux scorer, go ! Fais comme ces gars-là et utilise le JTPPUC. C'est une méthode courante dans beaucoup de domaines, mais surtout dans les bars branchés et la restauration. Ça veut dire : « Je Te Prends Pour Un Con. » JTPPUC + adopter le look de propriétaire de bar/restaurant = scorer à soir avec la petite, mais avoir l'air un peu cave.

Fiston, tu l'auras compris, l'important, ce n'est pas que ta bouffe soit bonne. De toute manière, tu lui auras servi assez de vin durant la préparation du souper qu'elle sera gorlo quand ce sera le temps de manger et elle ne goûtera plus rien. Accepte que ta « date » aura l'air un peu épaisse quand elle sera impressionnée par le repas et qu'elle te dira, la bouche toute mauve de vin :
— Ayoye ! C'est bon ! Pis je sais de quoi je parle... Je suis « épicurienne » !

So, let the show begin !

Mets un CD de type musique du monde, genre smooth cochon latino, pas trop fort en fond sonore. Accroche-toi un linge à vaisselle après les jeans et marche nu-pieds comme Jack Johnson.

Règle n° 1 :
Gorgées de vino à volonté quand tu cuisines ! Termine ta gorgée en disant :
— Goûtes-tu la noix subtile ?

Même si elle ne la goûte pas, on s'en fout. Tu auras l'air de connaître ça. N'OUBLIE JAMAIS : IL FAUT AVOIR L'AIR DE… PAS ÊTRE !

Règle nº 2 : Tes ingrédients sont « cultivés par toi »

Les tomates que tu ramasses dans le panier à légumes qui sert de centre de table pour l'événement doivent être traitées comme des princesses d'Orient. Tu les humes, tu suçotes un quartier à la fois en chuchotant qu'elles sont de ton jardin… Même chose pour les fines herbes. Ce ne sont pas de simples aromates achetés à l'épicerie du coin, NON, ce sont les herbes que tu fais pousser ! Les cheveux de l'ange basilic ! Tu les as coupés à même le pubis d'Athéna. Ton appréciation des fines herbes doit être empreinte d'une fierté ridicule. Tu dois vouer un respect grotesque à ta bouffe ! Fouille-moi pourquoi, les filles aiment ça ! Ça fonctionne, fais-le ! Respire les aromates comme les chasseurs d'épices jubilent devant une montagne de safran.

Règle nº 3 : Touche les aliments comme si c'était ses foufounes

Quand tu découpes de la viande, tu pourrais faire comme tout le monde et simplement sectionner des languettes, mais non. La viande, c'est important de ne pas la couper trop rapidement. Il faut avoir l'air exagérément minutieux … Dis-lui que la viande… a un sens, qu'il faut savoir lire la chair. Ensuite, gorgée de vino.
Et sois semi dangereux avec ton gros couteau à la lame aiguisée, fais tes coupes juste sur le bord des doigts. Danger et sensualité !

Règle nº 4 : Ton corps est ton outil

N'aie pas peur de mélanger tous les ingrédients avec tes mains, ça fait cochon. Ensuite, essuie délicatement chacun de tes doigts de façon individuelle, comme si chaque doigt était le pénis de Jésus.

Règle nº 5 : Attitude et *epicness*

N'oublie pas que quand tu verses du vin sur ta bouffe durant la cuisson, faut toujours que tu aies l'air glorieux.

FISTON

—
COMMENT
CUISINER
QUAND
TU REÇOIS
UNE
« DATE »

Tu ne peux pas le verser normalement. Non ! Tu dois le faire de façon sentie, comme si tu versais une bière sur la pierre tombale d'un vieux chum décédé. Le bras bien droit, la bouteille penchée, et tu fixe le ciel (ou, plus probablement, le plafond).

Règle n° 6 : Le Picasso du baloney

Il faut aussi qu'il y ait des motifs dans ta bouffe. La présentation, ça compte. Tu peux, par exemple, utiliser des petits moules pour shaper ton tartare en puck de hockey. C'est très important de savoir de quelle région vient ta « date », question de déterminer dans quelle assiette tu lui serviras son repas. Si c'est une fille de Montréal, tu lui sers sa bouffe sur une genre de plaquette en bois faite sur le long, la puck de hockey dans un coin, empilée un peu tout croche, avec un chip planté dedans de côté pis un peu de roquette. Si c'est une fille du 450, c'est simple : une assiette carrée, blanche, avec un petit verre de rosé de dépanneur, pis tu scores. Pour ce qui est de la fille de région, on se contre-câlisse du genre d'assiette dans laquelle tu lui donnes sa nourriture. Tant que c'est des sushis, elle va dire :
— Wow ! C'est donc ben exotique !

Fiston, je vais te donner un dernier petit truc : n'utilise pas le JTPPUC à tout bout de champ, parce qu'il y a d'autres gens intelligents sur la planète. Quelqu'un fi-nira par se rendre compte de ton stratagème. Et là, tu te sentiras con.

22. LE SEXE DE ONE-NIGHT 1 : LA COLLEUSE

Quelle est la chose la plus pathétique dans le monde merveilleux des soirées bien arrosées? Deux inconnus à l'haleine de stinger qui essaient de baiser dans une douche. Incontestablement. Un one-night, ce n'est pas un conte de fées que tu raconteras à tes enfants. C'est pas mal plus comme une histoire de pêche: tu partages juste avec tes chums.

Le one-night, c'est une arme à double tranchant. Tu peux pogner autant une fille fuckée qui va te faire des

affaires le fun weirdo (voir le prochain conseil) qu'une inconnue trop émotive qui va te dire des choses comme :
— As-tu ressenti la même chose que moi ?

Hmm. Je te conseille de jouer le gars paqueté et de faire semblant de dormir. Si tu trouves ça lâche mais n'es pas assez brave pour lui expliquer ce qu'il en est, si tu es le genre de gars qui va lui payer à déjeuner le lendemain matin pour ensuite aller la reconduire chez elle, bref, si tu es quelqu'un qui aime éterniser les malaises... c'est ton problème !

Je vais te donner un truc de salopard, un truc qui n'est pas correct, mais qui te sera fort utile si tu te retrouves chez toi avec une fille un peu trop colleuse. Juste avant de sortir dans un bar, tu programmes ton cadran pour qu'il sonne à 8 h le lendemain matin, et ta cafetière pour qu'elle te coule du décaféiné à 8 h 05. Surtout, tu laisses traîner ton coffre à outils bien en vue.

Et là, place au théâtre.

À 8 h du matin le lendemain, ton cadran va sonner. Vous vous levez. Tu lui sers un café — sers-t'en un aussi pour ne pas éveiller les soupçons. Là, tu lui racontes que toutes les fins de semaine, tu vas aider ta pauvre grand-mère à faire des rénovations chez elle. Et qu'en fin de semaine, justement, tu t'en vas lui installer une barre dans son bain de vieille personne pour pas qu'elle se pète la hanche en glissant. La fille va te trouver teeeeellement cute que l'attendrissement va déborder de ses beaux yeux beurrés du *makeup* de la veille. Et après lui avoir servi la meilleure excuse cute du monde, tu vas aller la reconduire jusqu'à la porte, tu vas lui dire « bye bye mademoiselle »... pis tu vas retourner te coucher.

Par ailleurs, si tu trouves que c'est trop de trouble, il te restera toujours la méthode franche :
— As-tu ressenti la même chose que moi ?
— OH QUE NON !!

Tu seras considéré comme un trou de cul, mais ça aura le mérite d'être clair.

23.
LE SEXE DE ONE-NIGHT 2 : LA WEIRDO

154

Un beau soir, en ramenant une fille chez vous à la fin de la veillée, tu vas peut-être te rendre compte qu'elle joue pas dans la même ligue que toi... Avant ce soir-là, tu pensais que t'étais « wild » pis que t'étais « the shit » avec tes huiles qui chauffent. Ce soir, tu tombes de haut : tu as flirté avec une weirdo !

Chaque être humain sur la terre a son petit côté fucké. Chacun, au lit, aime des affaires qui sortent de l'ordi-naire, mais dont il ne parlera jamais à personne. Ne laisse jamais une partenaire rabaisser tes goûts. Chacun ses fantasmes ! Si tu as envie de zigner dans un bas rempli de compote de pommes, tu as le droit ! Le problème avec les fantasmes weird, c'est qu'il n'y a aucun moyen de savoir qui trippe sur quoi avant de se retrouver tout nu avec la personne en question. Vous avez beau avoir capoté tous les deux sur *Le fabuleux destin d'Amélie Poulain*, ça ne veut pas dire que le plaisir va être partagé quand il faudra que tu te mettes à quatre pattes pour qu'elle te fouette comme un poney. Parce que oui, Fiston, il y a des gens qui trippent à se déguiser en cheval et à se faire dominer — on s'appelle ça des *ponyboys* et des *ponygirls*. Ne va pas voir ça sur Internet, tu vas perdre ton âme.

Ne révèle jamais tes fantasmes à une « date » le premier soir. C'est rare que j'ai entendu une bonne histoire qui commençait par : « On se prenait une crème à glace » pis qui se terminait par : « On s'est fait *gangbang* les deux par dix-huit Blacks de la Jamaïque, c'était nice ! »

Même les fantasmes de couple, ça ne se fera pas dans ta première semaine avec ta nouvelle blonde. C'est un *build-up*... Ça commence doucement. Un moment donné, un des deux va faire un geste et l'autre laissera aller un petit gémissement qui enverra comme message : « Wow ! Tu peux continuer, ça me plaît quand tu lèches mon orteil. » Et si tes fantasmes ne font pas l'affaire de ta partenaire, tu devrais le savoir assez vite !

Avec le sexe, il n'y a rien de normal, rien d'anormal... juste des patentes qui seront bizarres pour toi, mais totalement acceptables, et même jouissives, pour d'autres ! Tu pourrais, par exemple, rencontrer une fille qui te hurle des affaires cochonnes en te blessant physiquement. Mais si ça l'excite, ça se peut que tu décides de la laisser tripper...

Et si tu te lèves au matin après ton one-night weirdo et que tu éprouves un grand malaise à la suite de ta nuit sexuellement étrange, rends-toi dans un sex shop et va fixer le gros poing en caoutchouc dans la section sado-maso. Et dis-toi qu'au même moment, il y a quelqu'un d'imprudent sur la planète qui est en train de se rentrer ça dans les foufounes, sans encadrement, ni supervision, ni mesure de sécurité. Inspire profondément, et retourne chez toi.

Tu devrais te sentir mieux.

FISTON

—

LE SEXE
DE ONE-
NIGHT 2:
LA
WEIRDO

156

24. LA BONNE

160

Tu arrives à 30 ans. Tu es tanné de passer d'une relation de marde à une autre. Il est temps que tu partes à la recherche de « la bonne ». En fait, l'important, ce n'est pas tant de la chercher la bonne, c'est plutôt de savoir la reconnaître quand elle passera. Il y a différents endroits où c'est sûr que tu ne la trouveras pas : aux danseuses, au bingo, au marché aux puces, dans un meeting du Ku Klux Klan, dans un deal de drogue, dans une transaction de putes en Europe de l'Est. Des exemples de même.

À la base, il faut qu'elle et toi, vous ayez des intérêts en commun. Glisse le mot « Ewok » dans une conversation avec elle lors de votre premier souper au restaurant. Si elle te répond qu'elle ne sait pas c'est quoi, tu te lèves et tu quittes sur-le-champ. Si elle te dit que c'est les p'tits ours méga cutes dans Star Wars, tu restes ! Il y a un peu de travail à faire, mais c'est potable. Si elle te répond qu'elle adorerait habiter sur la lune forestière de la planète Endor... mets un genou par terre et demande-la en mariage !

Pour qu'un couple ait des chances de fonctionner, ça prend un minimum de passions en commun. Si, pour elle, le Louvre est un genre de centre d'achats snob, ne parle plus jamais à cette fille, même si le sexe avec elle est super bon.

La première question qu'il faut que tu te poses : toi, comme individu, qu'est-ce qui te passionne (après Star Wars, mettons) ? Il faut que tu apprennes à te connaître toi-même. Si tu préfères passer sept ans seul à marcher le Compostelle, les filles ou le couple ne font pas partie de tes priorités. Si tu acceptes facilement que même les belles filles « pusent » de la yeule quand elles se réveillent le matin, go, tu es prêt ! À tes yeux, de toute façon, la bonne puera de la yeule avec grâce.

Un gars, c'est con de nature, mais la bonne fille sera toujours capable de le ramener dans le droit chemin. Si tu émets l'intention d'avaler des ailes de poulet au *beerbong* dans un party du Super Bowl pour faire rire tes chummys, elle va t'en empêcher. Mystérieusement, la bonne fille — celle qui t'aime et qui trouve toujours le moyen de t'empêcher de faire des niaiseries — tripe sur des affaires vraiment weird. Elle aime :
• rouler tes petites peaux mortes de coups de soleil ;
• t'enlever tes cuticules ;
• épiler tes sourcils.

Quand tu ouvres la porte de la sécheuse, que tu lances de quoi dedans et que tu refermes la porte sans que le cycle se soit arrêté, la bonne est fière de toi. Quand tu ramasses un objet avec tes pieds et que tu vas le porter jusqu'à ta main sans avoir à te pencher, la bonne est fière de toi. Elle te trouve beau même quand tu as la yeule tout enflée parce que tu viens de te faire arracher les dents de sagesse. La bonne, ça ne lui dérange pas quand tu portes des boxers troués pis qu'une de tes gosses dépasse. La bonne, elle t'achète des jeux vidéo parce qu'elle est trop occupée à sa job et qu'elle ne veut pas que tu t'ennuies à la maison. En voiture, la bonne, quand elle est ta copilote, regarde le chemin sur une carte, envoie un texto et est capable, sans avoir à te regarder, de t'enlever ton jacket pendant que tu conduis. La bonne ! Quand vous allez louer un film, elle ne te fait pas chier, non ! Elle choisit un film en se basant sur tes goûts. La bonne ! Quand elle fait de la décoration, elle te demande ton avis. Elle n'en tient pas compte, mais elle te le demande. Surtout, la bonne, elle sait c'est quoi, un tabarnak d'Ewok !

Fiston, dès la seconde où tu vas l'apercevoir, tu vas savoir que c'est la bonne. Ça va te faire comme un coup de 2 par 4 dans face. Tu vas trouver que c'est la plus belle fille du monde. Tu vas avoir l'air épais quand tu vas lui parler. Tu vas bégayer. La première fois que tu vas essayer de l'embrasser, tu vas avoir l'impression de n'avoir jamais embrassé personne de ta vie. Tu vas avoir chaud, tu vas être engourdi. Tu vas dire : « Je t'aime », et tu vas avoir peur qu'elle te réponde pas : « Je t'aime aussi. » Tu vas être nerveux, mais elle va te dire : « Je t'aime aussi. »

Parce qu'elle va avoir senti toutes les mêmes choses que toi.

Parce que c'est la bonne !

25.
L'HISTOIRE D'UN COUPLE

T'

FISTON

—

L'HISTOIRE
D'UN
COUPLE

166

T'es amoureux ! Ok… pas de panique.

Stade 1 : On se frenche tout le temps !
Pas capable de regarder un film : on se frenche ! On
se frenche même en char — aux feux rouges, on se
frenche ! Tu aimes ses défauts ! C'est le début, tout va
bien ! Quand tu prends une bière avec tes amis(es), tu
dis : « Je pense que j'ai jamais été en amour de même… »
(Ben oui, t'as déjà été « en amour de même »… genre
chaque fois que t'as été amoureux dans le passé. C'est

juste que ton cerveau bogue parce que tu touches des nouveaux totons.)

Stade 2 : On a fourré, c'était cochon, on s'aime, pis crisse qu'on se gêne pas pour frencher en public même si ça met les gens mal à l'aise durant l'enterrement de grand-maman

T'es tellement en amour que tu te contrefous du reste du monde. Tu te vois tuer pour elle, tu te vois bâtir une famille avec elle, faire la révolution avec elle, pis tu te vois te tenir à ses côtés comme à la fin de *Fight Club* avec la ville qui pète autour de vous. Vous êtes gossants, vous flashez votre bonheur dans la face des autres, mais ils s'en font pas trop. Ils savent que ça va pas durer... parce que le stade 3 plane au-dessus de vos têtes.

Stade 3 : Le chat sort du sac

À ce stade, vous commencez à redevenir un peu lucides. Pis vous descendez de votre nuage en gummy bears. Vous avez eu votre première chicane, tu t'es rendu compte qu'elle a un estie de caractère... mais tu penses que ça peut marcher pareil. C'est aussi à ce stade-là que tu vas faire la gaffe de la questionner sur son bagage sexuel, et qu'elle te déballera des anecdotes que tu ne voulais pas entendre :

— La fois avec les trois gars de rafting en Jamaïque, mes huit différents chums au cégep, mes années folles à l'université... Après ça, j'ai travaillé dans un bar, pis je me cherchais...

OUCH! Mais tu as encore de l'espoir. Tu te diras : « Ok, c'est correct... ce sont ses expériences du passé, je ne peux pas la juger. » Si elle a couché avec plus de gars que toi avec des filles... tu vas te mettre à capoter ben raide avec les chiffres et à essayer de gonfler tes stats personnelles.

Mais tu arrives tranquillement au stade suivant.

Stade 4 : Ça passe ou ça casse

Ça, c'est le stade où ses défauts et ses manies vont commencer à te gosser solide. C'est aussi à ce stade-là

qu'elle t'avoue que finalement, les films de zombies ita-
liens des années 1980, elle les regarde pour te faire plaisir et non parce qu'elle aime ça aussi. Rappelle-toi le
stade 1... T'étais donc content d'avoir trouvé LA fille différente qui trippe pas sur l'ostie de *Hunger Games* à
marde... C'est dans tes dents, ça, hein ?

L'histoire des couples ressemble souvent à ça. Focusse
sur le fait qu'elle ne chiale pas quand tu mets les Dropkick
Murphys dans la voiture, qu'elle te connaît par cœur,
qu'elle s'en fout, de ton passé sexuel, et... qu'elle t'aime
pour de vrai.

26. LE MARIAGE

Un moment donné, tu vas surprendre ta douce en train de regarder une émission sur le mariage et de verser une petite larme de joie. Mal à l'aise, tu diras :
— C'est un beau mariage !

C'était un piège ! Tu vas aller te coucher le soir en faisant comme si tu ne l'avais pas vue en train de pleurer, mais elle, elle le sait. Elle t'a vu la voir. Tu es fait, car tu as mordu à l'hameçon. Inconsciemment, en commentant son émission, tu viens de planter une graine dans sa tête.

Pis maintenant, chaque fois que tu lui dis « Je t'aime », tu arroses cette graine. Chaque fois que tu prendras la parole quand vous serez en gang, elle va s'imaginer que tu es sur le bord de lui faire la grande demande.

Maintenant, voici quelques arguments pour la convaincre que le mariage est une très mauvaise idée.

1. Le cash
Un mariage coûte environ 13 000 $. Treize mille beaux bidous pour une soirée agrémentée d'un repas moyen le fun où le trois quarts des invités — dont tu ignorais l'existence même avant cette soirée — passent leur temps à cogner sur leur verre pour que tu embrasses ta femme.

Tu peux lui dire :
— Chérie, je t'aime gros comme l'univers... Mais treize mille fucking piastres, que je n'ai pas, pour un mariage pas le fun... On n'a même pas assez d'argent pour se payer le câble. Pas d'argent pour le câble, pas d'argent pour se marier. C'est la règle.

Ta blonde va te dire :
— Mon père pourrait nous aider à payer le mariage.
NO WAY ! Si tu fais ça, tu deviens la bitch de ton beau-père et il va te le rappeler pour le restant de tes jours, avec des phrases telles que :
— J'ai payé ton mariage, ça fait que je vais déboucher ma bière avec ton cul.
— Hey, le pauvre, viens tondre le gazon de ton pour-voyeur.
— Scuse-moi, le va-nu-pieds, me passerais-tu le pot de cornichons qui nous sert de souper chaque fois qu'on est invités chez vous ?

2. Un mariage, c'est toujours quétaine
Ta blonde va répondre :
— Oui, mais on pourrait le faire à notre manière à nous autres...

C'est non! Plus tu t'éloignes du mariage tradition-
nel, plus tu t'enfonces dans le gouffre sans fond de la
quétainerie. Les mariages médiévaux, les mariages
klingon, les mariages « Mon ami Willy »... Les gens veulent être différents quand ils font ça. Mais quand tout
le monde essaie d'être différent en faisant les mêmes
affaires, ça se peut-tu qu'ils finissent pas mal tous par
être pareils ?

3. La question de la foi
Si tu n'es pas certain d'appartenir à une religion quelconque, on s'entend que ça sert à rien de se marier devant Dieu. Mais là, ta blonde va te dire :
— On pourrait faire un mariage civil !

L'affaire avec ça, c'est que si tu n'as pas voulu te marier devant le dude qui a créé l'Univers, vas-tu vraiment
droper de coche pour aller t'unir à la femme de ta vie
devant un fonctionnaire blasé qui délivre aussi des
permis d'alcool pour des soupers-spaghetti ?
Ensuite, ta blonde essayera de t'amadouer en te disant :
— Savais-tu que n'importe qui peut être célébrant une fois
dans sa vie ? On pourrait demander à un de tes chums !

Elle est prête à aller jusque-là pour te manipuler.
NE MORDS PAS ! Penses-y : si on est passé de Dieu à
fonctionnaire blasé, je pense pas que la solution, c'est
de se marier devant le même gars paqueté qui t'a déjà
dit aux danseuses :
— Heille, le gros... moi pis Tatiana, on va se marier pis
on va avoir notre ranch au Mexique !

4. L'incertitude
Finalement, tu peux dire à ta blonde une phrase comme :
— Moi, mes parents, ils étaient mariés, ils ont été malheureux toute leur vie et ils ont divorcé. Tes parents ? Ils
sont encore mariés, mais ils sont tout aussi malheureux.
Dans le fond, un mariage, c'est juste payer treize mille
piastres pour câlisser son bonheur dans la face de gens
qui savent qu'on a une chance sur deux de divorcer...

Et si, pendant cette période intense de discussions avec ta blonde, vous assistez à un mariage, au moment où la mariée lance son bouquet par en arrière... *GET THE FUCK OUT*!

Parce que les madames quand ça voit un bouquet qui se fait garocher dans les airs, elles deviennent des freaks un peu comme Uma Thurman dans *Kill Bill 1* quand elle massacre l'armé des 88 ninjas à la fin du film.

27. ALLEZ SOUPER CHEZ DES AMIS (ES)

FISTON

—
ALLEZ
SOUPER
CHEZ
DES AMIS
(ES)

Habituellement, l'idée d'aller dans un souper d'amis, ça vient de ta blonde, et ça va être avec ses collègues de travail. Son *pitch* de vente va ressembler à :
— Les chums des autres filles, ils viennent, eux autres... Faque tu pourrais venir !

La connexion qui se fait dans la cervelle d'une fille : « Nos chums, c'est des gars, ils vont bien s'entendre. » Tu seras donc pogné pour jaser toute la soirée avec des gars que tu ne connais pas. Mais ça vaut la peine d'y

aller pareil; pendant ce temps-là, tu n'es pas obligé d'entendre ta blonde te demander aux deux secondes:
— Qu'est-ce qu'on se fait pour souper?

Et pas de vaisselle à faire. Un repas sur le bras, qui coûte juste quelques heures désagréables avec du monde poche.

Chaque fois que tu seras pris dans cette situation, ce passage du livre te guidera.

Commençons par les types de « chums des autres » que tu risques de croiser dans ce genre de soirée.

1. Le taupin
Le taupin porte des jeans beaucoup trop délavés, une chemise saumon avec des motifs, du gel pis un piercing dans le sourcil qui vient tout droit des années 1990. Il parle constamment de son cinéma maison. Le seul DVD qu'il a chez lui, c'est *L'Effaceur* avec Arnold Schwarzenegger. Il finit toutes ses phrases avec des high five.
— Heille le gros! High five. Ostie, ouais... High five. T'es malade! High five.

2. Le Ti-Jos connaissant
Tu ne peux pas le définir par son look, mais par son attitude de frais chié. Chaque fois que tu voudras ploguer un film dans la conversation, lui, il va avoir lu le livre.
— Ouais, ben moi, j'ai lu les bandes dessinées, pis les zombies étaient ben plus profonds.
Quand tu débats d'un sujet quelconque avec ce gars-là, peu importe le point que tu apportes, il crie:
— Démagogie! C'est de la démagogie!

3. L'éternel Sylvain
L'éternel Sylvain, lui, porte une couette molle de prof de musique, des pantalons propres, des bracelets de cuir et un t-shirt de Mötley Crüe. Ce n'est pas qu'il est nostalgique, c'est juste que c'est 1984 qui s'accroche à lui. S'il

y a une guitare qui traîne quelque part, il va la prendre, l'accorder et vous jouer un petit morceau du genre *Wild World* de Cat Stevens.

4. Le bon Jack
Il ne deviendra pas ton ami au quotidien, mais en le rencontrant, tu vas te dire : « C'est ma porte de sortie dans cette médiocre soirée. C'est avec lui que je vais avoir le plus de fun. » Avec lui, bien peinard, tu peux jaser d'un peu n'importe quoi. Il est cool. Lui, il ne te parlera pas du salaire qu'il fait par année ni de sa job. Il ne se vantera pas, parce qu'il sait qu'on n'en a rien à câlisser de ses exploits, et qu'il a un peu plus de classe que les autres.

Le déroulement de ce genre de soirée-là, on peut résumer ça en quelques phrases. Tu vas arriver avec une bouteille de vin. Tu vas serrer les mains des gens en leur faisant des faux sourires. Tu vas aller t'asseoir dans le salon avec les autres gars. Tu vas leur jaser des trios du Canadien de Montréal et de modèles de chars, et tu vas te sentir obliger de rire des jokes du taupin. Pendant le souper, le monde aura des sujets de conversations super intéressants comme *Occupation double*, le gagnant de *La Voix* et le dernier *Bye Bye* — qui, forcément, était décevant.

Et après le souper, c'est café brésilien et jeux de société de marde. Tu vas être obligé de faire du mime dans le salon. Ta blonde va pogner un peu les nerfs parce qu'elle est mauvaise perdante pis que t'auras pas été bon pour mimer Charlie Chaplin.

Quand le monde sera un peu saoul, ça va commencer à parle de cul et à révéler beaucoup trop de détails personnels qui s'agencent mal avec un gâteau au fromage. Tu vas rire hypocritement en écoutant les anecdotes sexodégradantes de la coiffeuse pis de son taupin à Cayo Largo, et tu vas refuser leur invitation dans le spa parce que tu sais que ça risque de se terminer en propositions louches. Tes yeux chercheront le regard de ta douce pour lui faire comprendre que c'est FOUTREMENT le temps de partir. Deux trois poignées de mains ici et là entrecoupées de : « Hey ! on refait ça, c'était bien le fun », pis ciao bye la compagnie, tu décrisses de là !

Si tu veux être sûr que ta blonde ne te réinvite plus jamais à l'accompagner aux soupers de filles de la job, je vais te donner un truc : commence à boire tôt le matin. Deux shooters à l'heure jusqu'au souper. Pendant le repas, lance des débats de marde, genre sur la peine de mort et l'indépendance du Québec, et pointe tout le monde de façon agressive avec ta fourchette à fondue en gueulant :
— *WHAT THE FUCK* ?! TU DIS N'IMPORTE QUOI !!

Chaque fois que le taupin va faire une joke, ris, que dis-je, hurle ! Non seulement tu hurles, mais tu craches ta gorgée de bière en riant. Mouche-toi vraiment fort pendant que le monde mange, mais ne cleane pas les rebords de ton nez. Double-dippe dans les trempettes... Trippe trop pendant que tu manges !
— Ben voyons donc ! BEN VOYONS DONC ! C'EST DONC BEN BON ! UN OSTIE DE BON RISOTTO, ÇA !
Pis quand le taupin va te demander ce que tu fais dans la vie, tu le regardes droit dans les yeux pis tu lui dis :
— Je collectionne les animaux morts que je trouve sur le bord de la route. Je les ouvre, les dépèce, je prends les os pis je reconstruis d'autres animaux. Comme une race supérieure !

Avec ça, ta blonde ne te gossera plus jamais.

P.-S. : Si tu as vraiment beaucoup de plaisir durant ce genre de soirée, c'est fort probablement parce que c'est toi, le taupin.

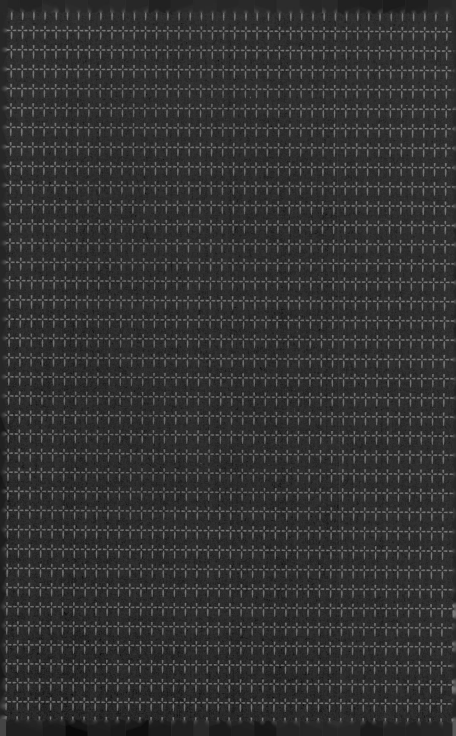

28. LE SEXE (DANS UN COUPLE)

Le sexe, dans un couple, se décline en trois phases.

Phase 1 : La Don Juan de Marco
Romantisme et quétainerie. Vous allez vous dire « je t'aime » après chaque coup de bassin. Être tendres. Aucun zignage. Juste deux corps qui ne forment qu'un pendant que vos âmes s'entrelacent dans la voie lactée. Tu la pénétreras tout en douceur en la fixant dans les yeux et en goûtant le miel de sa bouche. Des papillons gicleront de ton pénis, alors que des pétales de roses

envelopperont ton phallus entre ses cuisses. Le temps n'existera plus… seulement des chapitres de vie qui se chanteront pendant des siècles et des siècles. Chaque orgasme sera comparable à une toune de Vincent Vallières un matin d'été dans une campagne verdoyante.

Phase 2 : La grande demande
Vous êtes ensemble depuis un an et vous fêtez ça en grande. Après deux bouteilles de vin rouge, elle te demandera :
— Voudrais-tu que je te rentre un doigt dans le cul ?

Certaines filles font une fixation sur la spéléologie de péteux. C'est comme les statues de l'île de Pâques : AUCUNE FUCKING IDÉE D'OÙ ÇA VIENT ! D'après moi, elles ont lu un article dans une revue de madames entre un mot-mystère et une fiche recette de salade aux crevettes. Un article spécial sexe avec un titre du genre ; « Amenez votre partenaire au septième ciel avec un doigt dans le cul. » Depuis ce temps-là, elles ont une mission : chatouiller la prostate de monsieur.

Je sais que c'est weird que ton père te parle de ça, mais faut bien que quelqu'un le fasse. Si tu acceptes sa proposition, tu auras l'impression d'être un extra-terrestre, d'être le seul à avoir essayé ça. Non, Fiston ! Tu n'es pas différent des autres ! À un moment donné, tu vas être avec tes chums à la brasserie et un de tes amis va demander :
— Vous autres, votre blonde vous as-tu déjà rentré de quoi dans le cul ?

Tout le monde va jouer la game du « es-tu malade, toé ?! ». Peu importe que tes amis soient ouverts d'esprit ou non : tu ne dis pas oui. Bien des combats sociaux vont se régler avant qu'une bande de boys dans une brasserie avouent entre eux autres qu'ils se sont déjà fait rentrer de quoi dans le cul.

Dans ton couple, le romantisme disparaîtra le soir où, écarté sur le divan entre une serviette pis une bouteille de *lub*, tu vas dire à ta douce :
— Si ça fait mal, tu arrêtes.

Ta blonde va se mettre à te jouer sur le bord des fesses pendant que tu vas te dire : « Faut que personne sache ça... JAMAIS ! »

Tu pensais que les filles étaient moins cochonnes que les gars ? Erreur, mon fils ! La tendresse du début fait place aux tapes sur les fesses pis aux *buttplugs* dans le « ça pue ». Vous allez commencer à flâner dans les sex shops et à essayer plein de gadgets. Les « je t'aime » seront troqués pour du *dirty talk* pis du pinçage de bouts. Vous ferez l'amour tellement souvent dans un court laps de temps que tu seras incapable d'éjaculer convenablement. Il va juste sortir des petites gouttes qui pincent un peu pis qui revolent loin !

Phase 3 : Plus rien
C'est la phase « je suis à l'aise en jogging sur le sofa pis je pète devant toi sans m'excuser ». C'est fini, baiser toute la nuit. À la fin de la soirée, vous vous dites :
— Hey babe, on s'claque-tu un autre *Grey's Anatomy* avant de se coucher ?

- Fini les gâteries dans la douche.
- Fini les gâteries quand tu conduis.
- Fini le sex shop.
- Fini les nuits torrides.

La routine vous aura malheureusement rattrapés. Fatigue, enfants, stress... Vos seules relations sexuelles auront lieu en vitesse le dimanche après-midi pendant la sieste des petits. Elle jouit, tu jouis, au revoir et merci ! C'est triste, mais c'est la réalité...

29. LA PORNO

Tu te sens coupable parce que tu regardes de la *porn* pendant que ta blonde dort dans la pièce à côté? T'es cute. Ne t'en fais pas : tous les gars font ça. Ça ne veut pas dire que tu l'aimes moins. Faut juste pas que ces visites nocturnes louches finissent par remplacer complètement ta blonde... Dans la porno, rien ne peut remplacer complètement ta blonde. Surtout pas la *porn star* aux *fake boobs* dont le mascara coule quand elle baise.

Un truc d'abord : laisse-toi un petit quart d'heure tampon. Elle va se coucher, tu attends quinze minutes, puis c'est bon, la voie est libre. Et ouvre une deuxième fenêtre sur ton ordi, genre Wikipédia, juste au cas. Comme ça, si elle se réveille, tu pourras la popper ben vite par-dessus ton plaisir coupable. Ainsi, si ta blonde te surprend en te demandant :
— Qu'est-ce que tu fais ?

Tu pourras rétorquer :
— Rien, j'apprends des affaires sur les requins.

Fiston, n'oublie jamais que la porno n'a rien à voir avec la réalité. C'est un peu comme une émission de cuisine : le gars travaille avec des accessoires que tu n'as jamais vus de ta vie, tout le monde fait toujours semblant d'aimer trop ça et... il y a du montage en masse. C'est aussi comme manger un Kraft Dinner : ce n'est pas super sain, ce qu'il y a là-dedans, mais quand tu es tout seul, ça fait la job.

Ce qui est le fun avec la *porn* sur Internet, c'est que tu peux trouver tout ce que tu veux — et même, parfois, ce que tu veux pas. Il y a du choix, il y a de la variété, c'est incroyable ! Des amateurs avec des fesses boutonneuses mal filmés dans une chambre de motel cheap, du monde chic qui se chatouille dans des châteaux classe en Europe, des affaires des années 1970 avec des gros totons mous pis beaucoup trop de poil, des acteurs formidables des années 1990 avec une tonne de spray-net dans les cheveux pis des démarcations de bikini sur la peau, des Japonais avec des petits pénis embrouillés pis des Japonaises qui n'ont pas trop l'air de tripper.

Si jamais ta blonde te pogne en train de regarder de la porn et se fâche, vire ça contre elle en lui disant :
— Je fais ça pour nous ! J'essaie d'apprendre des trucs.

Tu me mets beaucoup de pression au lit... Je veux qu'on ait du fun, faque j'apprends des affaires. Je fais ça parce que je t'aime...

C'est hypocrite, mais ça va t'éviter une chicane de couple.

Si, à un moment donné, tu trouves une boîte de Kleenex à côté de ton ordi, n'y touche pas. C'est un piège (je te jure que certaines filles sont assez freak pour les compter).

Cependant, il y a des filles plus ouvertes que d'autres à la porno, alors ça se pourrait même que toi pis ta blonde, vous en regardiez ensemble. À ce moment-là, laisse-la choisir. Comme ça, si les *porn stars* lui donnent des complexes, ce sera de sa faute et non de la tienne. Ne lui montre pas ta collection personnelle. Ne lui montre pas sur quoi tu trippes. Ne lui montre pas tes favoris, c'est ton jardin secret. Tu ne veux pas nécessairement qu'elle soit au courant de toutes les affaires fuckées que tu aimes... Et une fois que vous aurez regardé de la porno ensemble, n'essaie pas d'imiter les gars dans les films. Tu n'es pas obligé de baiser avec une main dans le dos pour laisser le champ libre à la caméra; il n'y en a pas, de caméra. N'essaie pas de positions pratiquement impossibles (genre un 69 debout), tu vas juste avoir l'air ridicule et puis, apparemment, c'est dangereux — Claude Legault a fait une campagne de sensibilisation là-dessus.

« Charles n'est plus ce qu'il était depuis qu'il s'est blessé en tentant un 69 debout. »

P.-S. : Si jamais tu manques de Kleenex, utilise un bas. Et jette-le. N'aie pas peur de mettre ça sur le dos de la sécheuse qui mange les bas. Entretiens la légende... Ça fonctionne.

30. LA GROS-SESSE

Ta blonde est allée dans un shower de filles qui trippent à déballer des pyjamas de bébés, et depuis ce temps-là, elle t'exprime bien fort son désir d'avoir un enfant ? Ou bien son horloge biologique a sonné, et elle te fait part, gentiment, de ses émotions ? (« Fais-moi un bébé, l'gros, ou bedon j'décâlisse. »)

Ce qui est le fun quand ta blonde veut un bébé, c'est que vous allez constamment baiser. Par pur hasard, elle n'est plus fatiguée, n'a jamais mal à la tête, ça lui tente tout le temps. Vous allez essayer trois mille positions jusqu'à tant qu'un petit toi rencontre un petit elle... pour que ça donne un petit vous.

Et voilà ! C'est fait ! Ta blonde est enceinte ! Je suis fier de toi ! À partir de maintenant, elle est le public cible des pubs de fast-food à 10 h 30 le soir, elle n'est plus cochonne pantoute et elle a, dans ses culottes, des pertes bizarres qui sentent le vieux burger après une journée dans un char au soleil. Elle va te demander de faire plein d'activités plates. Et tu vas les faire, Fiston. C'est important d'être présent pour sa blonde quand elle est enceinte. Elle porte ton enfant, et tu te dois d'être à ses côtés... pour la voir dépérir physiquement. Une femme enceinte a besoin de se faire dire qu'elle est belle ! Si tu as peur de l'oublier, mets une alarme sur ton cellulaire s'il le faut (mais arrange-toi pour pas qu'elle la voie).

Bientôt, vous allez vous inscrire aux cours prénataux. Des cours prénataux, c'est douze couples en pieds de bas, assis en rond dans une classe sur des chaises en plastique orange, qui se font dire par une grosse madame laide comment respirer comme un chien et se masser le périnée. Vous allez regarder des vidéos d'allaitement des années 1980, des films mal doublés qui montrent des familles avec trente-huit enfants qui sont donc heureuses d'avoir trente-huit enfants. La madame va t'encourager à acheter des livres qui parlent des mêmes osties de sujets dont elle a parlé dans ses cours.

Ne gaspille pas ton cash ! Moi, je vais t'expliquer comment ça fonctionne : ton bébé est dans le ventre de ta copine. Pleins de shits scientifiques sont en train de se produire, et un moment donné, le bébé va popper out. Si le cordon ombilical est pas enroulé autour de son cou, tout est beau.

Au niveau biologique, c'est pas mal tout ce qu'il y a à savoir pour le moment.

Autre affaire : ne te mêle pas de l'organisation du shower. Laisse ça à ta blonde et à ses chums de filles. Tout ce que tu as à faire, c'est être présent, prendre des photos d'eux autres avec des objets de bébés pis fermer ta yeule. Tu vas me dire que c'est cliché, ce que je t'écris, que toi, tu vas t'impliquer et bla bla bla... Nous passons tous par là, pour finalement réaliser que notre job, en tant que pères, commence vraiment plus tard. Pour le moment, soutiens ta blonde et hoche la tête. Tout ira bien.

Petit truc. Durant le shower, si tu veux t'en sortir, va voir ton beau-père et dis-lui :
— Heille ! Viens-tu m'aider à enlever le nid de moufettes qu'il y a en dessous du balcon ?

Il va dire oui — lui aussi, il a juste le goût de sacrer son camp. Et les filles ne vous en empêcheront pas !
— Il y a un nid de moufettes ??! AAAHHH !! Allez vous en occuper TOUT DE SUITE !!!

Pour ce qui est de l'accouchement... Je ne sais pas trop quoi t'écrire, mon fils. J'aime mieux que tu le vives.

Bonne chance...

31.
ÉLEVER SES ENFANTS

Même si ta douce et toi partagez une chimie sexuelle incroyable, avez construit des orphelinats dans un pays en guerre civile et êtes les meilleurs amis de l'histoire de l'humanité, il n'y a rien de plus difficile qu'essayer d'être au même diapason pour l'éducation de vos enfants. Il n'y a pas de méthode précise... Chacun pige un peu dans son *background* personnel, en prenant grosso modo ce que ses parents lui ont légué comme valeurs morales. Tu t'en rendras vite compte la journée où tu rentreras à la maison avec des G.I. Joe pour ton fils (scénario probable : ta femme les brûlera en hurlant qu'il est hors de question que son enfant s'amuse avec des jouets violents).

En matière d'éducation, je pense que nous avons fait du progrès depuis quelques décennies. On ne fait plus jouer les enfants au hockey avec du caca de cheval gelé en guise de puck, on ne leur donne plus de coups de strappe au cul pour leur apprendre les mathématiques, on ne leur fait plus marcher cent cinquante kilomètres pour fréquenter des écoles tenues par des religieuses folles. L'évolution a donc appris aux parents à éduquer leurs enfants de façon différente...

Quand j'étais kid moi-même, on avait ben du fun : confort matériel, pus ben ben de religieux dans le portrait... Mais un moment donné, les parents se sont mis à freaker sur toute. On a tranquillement remplacé nos bons dessins animés par de la cochonnerie tellement politiquement correcte qu'il s'y passe *fuck all* (mais on essaie quand même de te vendre un paquet de bébelles pendant les pauses publicitaires). Fiston, on s'est un peu perdus là-dedans, ça fait que ma génération, une fois adulte, a maladroitement essayé de vous donner une enfance stérile et sans danger. Il y a tellement de périls dans la vie d'un enfant !

Aujourd'hui, les ciseaux ont des bouts ronds et faire boire une gorgée de liqueur à un kid est quasiment passible de peine de mort. On a inventé le mot « malbouffe », pis après on a fait fermer tous les resto de patates qui se trouvaient à moins d'un kilomètre d'une école. Avant, les jeunes fumaient en cachette ; là, ils se tapent un trio Big Mac derrière l'aréna pis ils ont l'impression d'enfreindre la loi.

Au lieu d'essayer de vous préparer à la vie, on a écarté de vous tous les dangers. Mais la vérité, c'est que ce qui est vraiment dangereux, c'est de ne pas connaître les dangers. Les enfants surprotégés n'apprendront jamais les choses de base de la vie, la petite douleur qu'on ressent quand on lèche une pile carrée, par exemple. Le fait que kicker un nid d'abeilles, c'est non — parles-en à Macaulay Culkin dans *L'été de mes onze ans*. Le fait que le plus grand danger quand tu escalades une clôture, c'est pas de te faire pogner à sauter sur un terrain privé, NON! WATCHE TA FOURCHE! ÇA DÉCHIRE TOUT LE TEMPS LE DEDANS DE CUISSES, LES OSTIES DE CLÔTURES !!

Laisse ton enfant respirer. Laisse-le se péter la gueule. C'est difficile, mais c'est un fait : tu ne peux pas te relever pour lui, tu ne peux que l'encourager à se relever. Ne le protège pas à cause de tes propres peurs, ne vis pas tes rêves à travers lui. Laisse-le faire son bout de chemin.

P.-S. : En passant, les dates d'expiration sur les bancs de bébé... ÇA, c'est de la marde! Si ta copine t'obstine, tiens ton bout. Je n'ai jamais entendu l'histoire d'un siège passé date qui aurait mangé un cul de bébé. JAMAIS.

32.
L'ÉLU

T

Tu vas peut-être me trouver fou, mais dans ce manuscrit, j'ai pensé à tout, et les probabilités que la vie existe sur d'autres planètes sont plus que réelles... Tu me vois venir ?

Sûrement qu'à mon décès, tu auras hérité de ma collection de films et de livres d'extra-terrestres. Je connais bien les dossiers du *Project Blue Book*, des *Majestic 12*, de l'écrasement de Roswell pis du film *E.T.*. Depuis ma tendre enfance, je collectionne tout ce qui a trait à la vie extra-terrestre. Il y en a qui aiment cuisiner, moi, j'aime les recherches scientifiques qui essaient de démontrer qu'il y a de la vie ailleurs que sur Terre.

Mettons qu'à un moment donné, tu es seul dans ta cour en train de vaquer à tes occupations (jouer avec des spaghettis de piscine, nettoyer ton barbecue, mettre de l'essence dans ta tondeuse). Soudain, un hélicoptère vient se poser à côté de ton cabanon. Les gars de l'armée débarquent ! Des haut gradés s'en viennent en courant dans ta direction, en tenant leur chapeau pour ne pas qu'il parte au vent, avec des faces sévères de gars qui ont déjà torturé des gens dans le désert. Ils te pognent et t'emmènent dans une base souterraine super creuse à Dulce au Nouveau-Mexique. Ils bougent des shits autour d'une mappemonde qui illumine dans le noir et te parlent en langage codé.
— Hier soir à 0-8-0-0, latitude 45,794329, longitude -72,19038799999998, un objet volant non identifié aurait été aperçu au-dessus de la ville de Saint-Félix-de-Kingsey et vous, monsieur Roberge, avez été désigné pour aller discuter avec les extra-terrestres.

Quand tu leur demandes pourquoi, ils te répondent :
— Il paraîtrait qu'en maths forts de secondaire 4, vous avez réussi une super de belle translation. Vous êtes donc l'élu.

Ça pourrait arriver !

Fiston, ça voudrait dire que tu as été choisi pour représenter l'humanité. Mets-toi une belle chemise, brosse tes dents et apporte des condoms (on ne sait jamais — et il n'y a peut-être pas grand gars qui vont te l'avouer, mais on était une gang qui l'auraient baisée, la fille bleue dans *Avatar*). Fais-moi pas honte, t'arriveras pas devant la soucoupe volante les mains vides, oh que non ! Apporte la salade de patates de ta mère et une bonne bouteille de vin rouge — arrête à la SAQ avant, pas du vin trop cheap, pas du vin trop riche, nenon ! Une belle bouteille avec un beau collant. Il va y avoir pleins de pitons de couleur dans la soucoupe volante. Même si ç'a l'air aussi cool qu'une machine à liqueur, touche à rien. Tu ne voudrais pas que ta curiosité vienne chier une rencontre historique...

Demande la permission avant d'aller faire pipi. À la salle de bain, fouille dans la pharmacie, pis regarde les revues qui traînent sur le dessus de la bolle ; le type de lecture, ça en dit long sur le monde.

Pendant le souper, rends-toi intéressant. Je ne veux pas que tu dises des phrases comme :
— Moé pis l'beau-frère, on a shimé le balcon pour qu'il arrive flush avec la piscine.

Ça serait de valeur qu'ils aient, pour seule image de notre race, un colon qui vante ses prouesse manuelles. Pose-leur les vraies questions :
— Les pyramides pis les puces électroniques dans le cul à Richard Glenn, c'est-tu vrai que c'est vous autres ?

Comme tout bon représentant, il faudra que tu leur fasses faire le tour du propriétaire. En soucoupe, vous allez survoler la Terre. D'abord, essaie donc d'éviter le tiers-monde, c'est un peu gênant pis ça se balaye pas sous le tapis ! Et puis, les extra-terrestres te poseraient des questions :
Eux : *Pourquoi vous les laissez crever de faim, eux autres ?*
Toi : *C'est parce que... c'est pas vraiment de ma faute, c'est un peu de la faute à tout le monde, là, euh... C'est à cause de leurs dirigeants !*
Eux : *Qu'est-ce que tu veux dire ?*
Toi : *Ben là-bas, ils ont le choix entre des guns pis de la bouffe, pis ils ont choisi les guns.*
Eux : *Mais pourquoi les autres pays ne vont pas les aider ?*
Toi : *Ben... parce qu'ils ont des guns pis qu'ils sont fâchés !*
Eux : *Ben pourquoi ils sont fâchés ?*
Toi : *Parce qu'ils n'ont pas à manger !*
Eux : *Ouais, mais vous en avez, vous autres, de la nourriture ! Pourquoi vous ne leur en donnez pas ?*

T'as l'air cave, là, hein ?!

Évite aussi d'envoyer la soucoupe survoler des grosses villes à l'heure de pointe :

Toi : *Voici la ville de New York !*
Eux : *Pourquoi tous les chars sont en ligne de même ?*
Toi : *Ça s'appelle du trafic.*
Eux : *Pourquoi vous êtes dans le trafic de même ?*
Toi : *Parce que tous les humains commencent à travailler à la même heure... et sortent du travail à la même heure... et nos routes ne sont pas assez larges.*
Eux : *Mais c'est vous autres qui construisez vos routes !*
Toi : *Ouais...*

Et subitement, pendant que tu vas bafouiller de quoi pour essayer de t'en sortir, des jets vont surgir de chaque bord de la soucoupe, qui va se poser de force. Tu vas débarquer, et les généraux avec la face fâchée vont s'approcher de toi :

Généraux : *Merci, monsieur Roberge, vous avez réussi votre mission !*
Toi : What the fuck ?! *Quelle mission ?*
Généraux : *Nous avons découvert que ces extra-terrestres étaient un alliage entre le baloney et la goberge. Nous avons donc pris la décision de les éliminer et de les manger.*

Tu vas te dire que t'as été naïf en ostie d'embarquer dans leur plan. Tu pensais que l'être humain était bien intentionné, tu pensais rencontrer une autre race et contribuer à l'évolution de l'histoire humaine ! Ben non, Fiston, parce que l'être humain, quand il découvre quelque chose de beau, soit il le mange, soit il l'achète, soit il le fourre.

P.-S. : Si des extra-terrestres décidaient un jour de rester sur Terre, assure-toi de cacher tous les DVD du film *Independence Day*. Ça pourrait mettre la marde pour rien.

33.
AIMER UN MOUS- TACHU

Je t'ai préparé un petit test. Lis ça :

Imagine-toi sur l'île grecque de Mykonos. La trame sonore du film *Mamma Mia*! joue en *background*. Devant
toi, il y a un beau grand Noir musclé de la Martinique qui
se baigne tout nu. Il secoue sa tête à la surface de la mer
pour faire sortir l'eau de ses dreads. Tes yeux descendent
le long de son corps jusqu'à son sexe. Il porte des bijoux
de pénis, genre une bague avec une tête de lion en or sur
le gland. Il s'approche de toi et te demande de lui mettre

de la crème solaire sur ses fesses de sprinter musclé. Des fesses vraiment musclées, rondes comme des brioches. Douces comme des joues de nouveau-né. Il s'enroule un paréo autour de la tête et se penche à ton oreille, puis chuchote : « *Don't be afraid... Kiss me.* »

As-tu aimé ça ? Ça te chatouille dans le bas du ventre ? Tu préfères les hommes et c'est correct, mon fils. Sois heureux. Si tu aimes mieux dormir en cuillère avec un Richard qu'avec une Sandra, je t'encourage à le faire. Ne t'empêche JAMAIS de vivre avec l'être aimé pour plaire à qui que ce soit. Ne sois pas malheureux parce que des gens croient que c'est contre nature que de se donner des bisous entre monsieurs ! Je ne veux que ton bonheur et, comme disait mon père : « Si les femmes sont capables d'en manger, ça doit pas être si pire. »

C'est sûr que ce n'est pas trop mon domaine, par contre. Je t'avoue que ça me sort de ma zone de confort.... mais j'essaierai quand même de te conseiller de mon mieux.

Je serai franc et direct avec toi : tous les gars sont des fucking vautours. Leur seul et unique but ? Mettre leur pénis dans le plus de personnes possible. Apprends à contrôler les pulsions qui t'amènent vers les gars mus-clés, les beaux gars rebelles, les artistes un peu bohèmes ou ben les musiciens de rock. Ces gars-là sont comme la bouffe mexicaine : le fun au début, mais c'est pas long que ça finit par te faire chier. Le beau rebelle vient d'un milieu tough, il a un beau côté mystérieux... sauf qu'il y a des grosses chances qu'il finisse vendeur de poudre pour les Hells dans un bar louche de Joliette. Le vrai mystère, c'est qu'il ne soit pas encore en prison. L'artiste bohème, lui, il n'a jamais une cenne. Et tu ne seras pas capable de lui dire que la pièce de théâtre dans laquelle il joue un nazi nu-graine, ben ça *suck* la marde ! À un moment donné, c'est bien le fun, les émotions, mais avoir une cote de crédit potable, ça serait pas pire aussi. Pis finalement le rockeur, lui, il a l'air cool de même... mais son coat de cuir pue et son band n'ira jamais plus loin que le sous-sol d'une église de Rawdon.

Va vers les geeks un peu timides, mais comiques. Ceux-là, ils vont être tellement contents que tu t'intéresses à eux qu'ils vont tout faire pour te garder.

Et il y a les attributs. Comme tu t'en doutes, il y en a de tous les types. J'en ai dressé une liste sommaire (demande-moi pas comment j'ai trouvé ces informations — c'est confidentiel).

• Le napoléon : celui à qui personne n'a jamais osé dire qu'il était petit.

• Le napolitain : peu importe sa taille, il est rose, brun, mauve.

• Le KKK : rien à voir avec la couleur, c'est juste qu'on dirait qu'il porte un long chapeau. (On a bien fait de te faire circoncire, hein ?!)

• Le schtroumpf : ce n'est pas qu'il est petit... c'est qu'il y a un village qui vit autour. Fiston, protège-toi.

• Le hiroshima : la longue tige avec le muffin au boutte.

• Le hara-kiri : celui qui te déchire en dedans.

• La petite Grecque : très poilue, et te laisse un goût d'ail dans la bouche... Fiston, mange des fruits.

• Le christopher-reeve : apparaît surtout quand le gars est saoul. De la vie en haut, mais rien dans le bas... Y a un pouce qui bande pas quelque part.

• Le bruce-lee : le petit nerveux qui ne se fatigue jamais. La grosseur ne fait pas le ninja, mon fils.

Ça fait le tour de ce que je peux te donner comme conseils sur le pénis. Que tu l'utilises ou que tu les aimes, une autre notion importante : si tu trimes la base, tu peux gagner un pouce de plus !

Et souviens-toi, quand la personne qui t'aime, homme ou femme, te dit que ton pénis est de taille moyenne... ça veut dire qu'il est petit. *Sorry*.

34.
PROTÈGE TES SHITS

220

La terre est malade, son cancer est humain. C'est irréversible, je suis un fataliste qui croit que tu verras s'écrouler de tes yeux le monde tel que nous le connaissons.

Tout homme qui se respecte doit planifier sa survie. Demande aux gars autour de toi ; ils ont un jour ou l'autre pensé à ce qu'ils feraient en cas de « fin du monde ». Protèges tes shits, Fiston. Par « shits », je veux dire F.E.O.V. (famille et objets de valeur).

Je te le jure, mon enfant, chaque garçon s'est déjà questionné sur sa stratégie de protection en cas de fin du monde. Habituellement, ça survient après le visionnement d'un film ou d'une série télé catastrophe. Même chose chez les femmes, mais c'est un peu différent. Eux autres, leur idée de la protection, c'est partager des statuts Facebook sur l'intimidation avec des vidéos d'enfants qui font de la gouache ensemble... Le plan des madames, c'est de convaincre les autres de ne pas les attaquer. Nous, c'est d'être prêt à casser des yeules quand ça arrivera. Pour illustrer mon propos, je t'invite à remarquer la réaction de ta blonde lorsqu'un méchant fait quelque chose de pas gentil dans un film.

Action méchante du pas fin dans le film.
Réactions de ta douce :
— Ben voyons donc ! C'est méchant ! Pourquoi il fait ça ? C'est quoi son problème ?! Franchement !
Ta réaction à toi :
— J'y aurais tellement cassé la gueule !
Elle analyse. Tu agis.

Je te propose donc de suivre un plan simple qui garantira tes chances de survie en cas de cataclysme. En suivant ces étapes faciles, tu devrais t'en tirer pas pire.

1. Demande à ta mère de t'inscrire au karaté dès l'âge de 10 ans. Est-ce pour le plaisir d'aller te faire coacher par un Sylvain de région dans un dojo cheap au-dessus d'un dépanneur ? Bien sûr que non. C'est pour te rendre plus fort, mon homme... Parce que toi aussi, un jour, tu auras une famille à protéger.

2. Durant ton enfance, chaque fois que tes amis iront faire du snowboard, reste chez vous et étudie la médecine comme passe-temps. Dans les films post-apocalyptiques, c'est souvent le gars capable de guérir des bobos qui survit le plus longtemps. À l'adolescence, mets-toi bien ami avec le chubby qui gagne tous les concours de sciences de ton école. Pour l'instant, il fait seulement gicler un volcan en pâte à modeler dans le gymnase, mais en cas de crise, tu seras ravi d'être chummy avec le gars capable de construire des quatre-roues qui fonctionnent à l'énergie solaire !

3. Une fois à l'âge adulte, achète-toi pas une maison comme tout le monde. Ta première propriété : un chalet à l'ombre d'une montagne, près d'une grotte et d'une source d'eau. Tu pourras y installer un genre de bunker, dans lequel tu stockeras des tonnes de papier-cul. Dans un monde post-apocalyptique, la valeur des choses n'est plus la même, et un rouleau de papier de toilette vaut plus cher qu'un lingot d'or. (Si tu ne me crois pas, essaie de te torcher le cul avec un lingot d'or.)

Tu es donc un médecin qui maîtrise le karaté, qui dispose d'un chalet dans un coin reculé et qui a pour acolyte un scientifique capable de fabriquer des quatre-roues qui avancent à l'énergie solaire. C'est quand même une bonne base. Si tu pouvais avoir une belle collection de guns, ça serait un plus.

Si tu te réveilles un matin et qu'en regardant par ta fenêtre, tu vois tous les animaux courir dans la même direction et les oiseaux tomber du ciel, ne panique pas ! C'est juste la fin du monde ! Prends ta femme et tes enfants, pis flye au chalet.

Dans l'éventualité de la destruction de la planète, tu auras peut-être envie de te monter une armée. Ne t'entoure pas de gars musclés. Ce sont des courageux, et des courageux, tu n'en veux pas dans ton armée. Les courageux sont bien souvent narcissiques et prétentieux et ne pensent qu'à se battre parce qu'ils se croient invincibles. Ce sont toujours eux, les premiers à crever, parce qu'ils jouent aux braves au lieu d'être intelligents. À la place, forme-toi une armée de petits nerveux peureux. Eux autres, ils ont tellement peur de mourir qu'ils deviennent vraiment efficaces. Et crisse qu'ils courent vite. Ça ne crève jamais, ce monde-là !

Quoi qu'il en soit, en cas de crise, ne fais jamais confiance à l'être humain — un humain qui panique, c'est prêt à chier dans tes céréales pour survivre. Mais que tu sois seul ou en gang, fais du troc avec les autres clans de survivants ; le papier-cul de tantôt sera ta monnaie d'échange numéro un. Tu te dis que tu pourrais te torcher avec des feuilles ? Tu n'as pas tort, mais connais-tu vraiment les plantes ? Sais-tu vraiment à quoi ça ressemble, de l'herbe à poux ?... Ben c'est ça. Une fois que tu auras livré un numéro deux dans la nature post-apocalyptique pis que tu te seras torché avec la mauvaise plante, tu verras que passer ton temps à te gratter le cul pendant que les autres clans tirent sur ta gang, c'est pas la manière la plus efficace de protéger ses rations.

Même en dehors des scénarios de fin du monde, les hommes ont souvent un petit plan dans leur tête pour contrer les voleurs, les invasions à domicile, les zombies : le marteau dans la table de chevet, le bâton de baseball sous le lit, l'arbalète cachée dans une pantoufle... Fiston, tu dois avoir un plan de protection. Tu dois être en mesure de protéger ta famille contre toute attaque éventuelle, et ce, à n'importe quel moment. Certains te diront que c'est *redneck*, comme façon de penser. Réponds-leur que tu serais curieux de les voir négocier en pyjama avec des intrus qui veulent tripoter leur femme et voler leurs bijoux.

Et tu ferais mieux de l'accepter tout de suite : ta blonde ne comprendra rien si tu lui parles de ton plan de survie — c'est inscrit seulement dans le code génétique des gars. Elle va te trouvera violent quand tu fixeras les *chainsaws* chez Canadian Tire en disant qu'il vous en faut une à la maison au cas où l'apocalypse frapperait. Elle va chialer que la violence ne résout rien. Demande-lui si elle préférerait avoir Edgar Allan Poe ou The Rock comme mari lors d'une attaque de zombies.

Elle va se rendre compte assez rapidement que des mots, finalement, ça peut t'aider à avoir l'air brillant et civilisé, mais ça sauvera pas ta famille quand t'auras besoin de tirer dans la tête d'un mort-vivant.

34.

35.
TROMPER SA BLONDE

Il ne faut jamais oublier que dans le cœur de chaque homme se trouve un être primitif. Un être qui t'amènera à faire des conneries que tu regretteras, genre... tromper ta blonde. Mon petit bonhomme, comme tout propriétaire de testicules, tu te diras ces phrases :

• « Non, moi j'ai trouvé la perle rare... »
• « Je ne ferai jamais ça ! »
• « Je l'aime ! »
• « Ça ne vaut pas la peine de gâcher tout ça pour une seule nuit. »

Tout le monde est d'accord avec ça... sauf ta graine !

Un beau jour, la petite cute du bureau va t'inviter dans un 5 à 7 pour prendre un verre. Toi, dans ta grande naïveté, tu vas te dire : « J'y vas ! J'ai au moins le droit de regarder le menu, quand même... » Phrase de marde, *by the way*.

Tu vas appeler ta blonde, tu vas lui sortir une bullshit du genre :
— Ouin, on a un gros problème avec le PowerPoint. Il va falloir qu'on attende un technicien. Je t'aime. Bye.

Ensuite, toi et la petite cute, vous allez vous rendre au 5 à 7. Tu vas lui payer des shooters « d'amitié ». Et là, soudainement, elle va dire :
— Heille, moi, mon film préféré, c'est *Evil Dead 2* !

Wow ! Comme toi, Fiston ! Alors tu vas commander d'autres shooters pour célébrer ça. Le party va pogner. Tu vas jeter un œil dans son décolleté, à ses beaux petits seins fermes... Tu vas te demander : « Coudonc, qu'est-ce que ça ferait de toucher d'autres seins que ceux de ma blonde ? » Tu vas remarquer son parfum. Ah ! Par hasard, elle sent comme une fille sur qui tu as déjà trippé. Tu vas la trouver belle. Son regard... Vos yeux vont se croiser, ils vont s'accrocher... Pis là, tu es fait : ta graine a pris le dessus.

Tout ça, ça pourrait être ben le fun. Mais ta blonde, c'est pas une conne ! Elle a bien vu qu'il y avait de quoi de bizarre dans ta voix. Elle va appeler le beau Marco avec qui tu travailles. Comment ça se fait qu'elle a le numéro de téléphone du beau Marco ? TA GUEULE ! C'est toi qui es en train de la tromper, pas elle*.

---

* OK, m'en vas aller te le dire, pourquoi elle a le numéro d'un de tes amis : une fille, ça aime ça, organiser un surprise party pour la fête de son chum. Quand tu as invité tes amis de gars à l'épluchette de blé d'Inde l'été dernier, ta blonde a pris de l'avance et a demandé en cachette les numéros de tes amis pour t'organiser une belle fête. J'espère que tu te sens cheap, le crotté !

Au téléphone, elle va lui demander subtilement de confirmer ce que tu lui as dit. Ton collègue va répondre :
— Je sais pas il est où, ton chum. Pis je sais même pas
c'est quoi un PowerPoint...
C'est là qu'elle va se dire : « Ah ben... le TABARNAK ! »

Pendant ce temps-là, toi pis la petite cute, vous êtes ren-
dus dans la minivan familiale en train de vous toucher.
La minivan dans laquelle tu amènes tes enfants au Parc
Safari. Vos corps ne font maintenant qu'un entre les
sièges d'enfants dans lesquels tu assois tes petits pour
les reconduire à la garderie. Vous êtes tout nus en train
de vous frotter... Tu ne te rappelles pas c'est quand, la
dernière fois où tu as été dur de même. Tu as du gros fun
sale. Tu es trop dedans pour éprouver ne serait-ce qu'un
brin de culpabilité... Tu as trop de plaisir, sale égoïste !

Et là, brusquement, la *sliding door* s'ouvre... sur ta
blonde. Qui vient de vous surprendre. Dans les yeux
de la femme qui t'aimait comme une folle, tu vois une
lueur que tu n'aurais jamais pu imaginer.

Quelque chose vient de se briser. Tu as merdé solide,
Fiston.

Ta femme va te quitter. Tu vas voir tes enfants une fin de
semaine sur deux. Eux autres, ils vont le trouver plate
en ostie, ton un et demie de père monoparental. Elle,
elle va se remarier, car c'est une femme merveilleuse qui
organise des surprise party à son chum. Tu vas courir
après la petite cute du bureau, mais elle n'en a plus rien
à chier de toi ! C'est une petite jeune qui veut vivre sa
liberté et courir des risques. Tu es rendu célibataire,
c'est trop facile pour elle ! Tu vas devenir le fatiguant
toujours rendu à son bureau. Tu vas l'inviter dans les
5 à 7 pour essayer de revivre les beaux moments de votre
petite aventure. Mais elle, elle est passée à autre chose.
Elle te trouve gossant. Tu vas la pourchasser jusque chez
elle. Elle va appeler la police. Tu vas devenir alcoolo. Tu
vas pawner tout ce que tu as dans ta maison pour payer

ton loyer... parce que tu n'as plus de job : la petite cute a porté plainte pour harcèlement. Tu vas te promener avec un gros imperméable pas beau ; fini le linge à la mode. Tu vas finir par dormir sur un banc de parc, pis les enfants vont te poker avec un bâton en riant de toi.

Tu n'es plus rien. Tout ça parce qu'un soir, dans un 5 à 7, tu as voulu tripoter les boules d'une fille qui trippe sur *Evil Dead 2*.

Fiston, si tu as une femme et des enfants, ne fous pas tout en l'air pour une paire de seins de petite jeune. Si tes pulsions deviennent difficile à gérer, attends que tout le monde soit couché dans la maison pis va te passer un poignet sur Internet. Un homme est un homme quand il sait s'assurer de jamais laisser sa graine parler plus fort que lui.

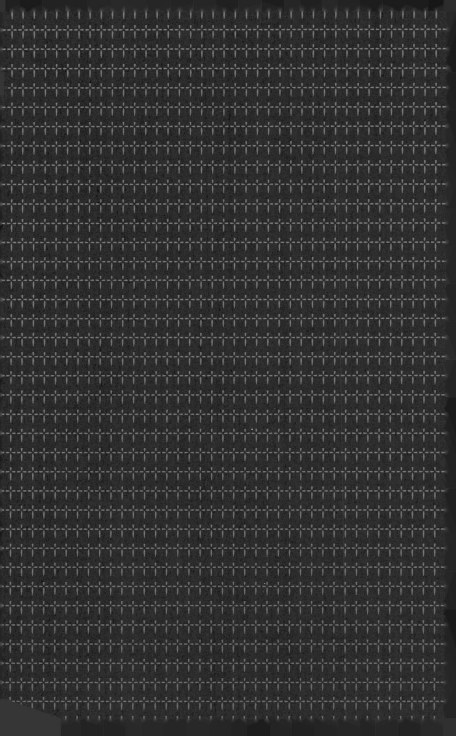

36. LE CÉLIBAT

Le célibat est un passage obligé dans la vie de chaque être humain. Tu verras, être célibataire, c'est comme manger du chocolat : au début, c'est le fun, pis un moment donné, tu as mal au cœur... Tu deviens chubby, tu manges tes émotions. Autour de ta taille sont apparues ce que j'appelle les poignées de peine d'amour. En gros, le célibat, on en veut quand on ne l'a pas, on n'en veut plus quand on l'obtient...

Voyons les différentes façons de devenir célibataire.

1. Le célibat « pas par choix »

Le décès de l'être aimé. Ça, ça doit être atroce : non seulement tu perds la personne avec qui tu partageais ta vie, mais il va te falloir des années avant de t'en remettre (coucher avec quelqu'un d'autre, c'est un peu comme tromper la personne décédée...). Pourtant, je me dis qu'au paradis, ta partenaire va forcément rencontrer d'autre monde et swinger en masse. C'est clair que là-bas, c'est le *free for all* ! Imagine les problèmes : Tu passes ta vie avec quelqu'un, tu décèdes, tu arrives au paradis, mais ta femme meurt juste vingt ans après toi. Pendant ces vingt ans-là, tu vas vouloir rencontrer quelqu'un... et elle aussi, sur la terre, elle voudra de la chaleur dans ses draps. Alors vous retombez amoureux chacun de votre côté.

Vous réglez ça comment, quand c'est le temps de vous retrouver au bout du tunnel de lumière ?
— Heille ! Fait longtemps qu'on s'est pas vus ! Scuse, ma belle, mais je sors avec une femme fantôme depuis quinze ans pis je suis un peu passé à autre chose... Toi ?

Mon fils, si tu perds ainsi la femme que tu aimes, je te souhaite du courage. Permets-toi de vivre ton deuil à ton rythme, mais n'oublie jamais qu'elle est sur le party au paradis... Va donc rencontrer des célibataires de ton bord. Juste pour le fun. Quand tu seras prêt à te rembarquer pour vrai, tu le sauras.

2. Le célibat nostalgique

La femme que tu aimais est partie, et maintenant tu es le pauvre épais qui attend qu'elle revienne en regardant vos photos de voyage. Vous aviez l'air si heureux à dos de chameau au Maroc ! Cependant, rappelle-toi, vous vous étiez engueulés solide pendant deux heures parce que madame aimait pas ça, avoir du sable de pris dans la craque, pis qu'elle éternuait aux deux secondes à cause de l'ostie de chameau.

Même en vacances, une femme apporte sa lourdeur dans ses bagages. Pas pour rien qu'ils chargent un extra pour les bagages à l'aéroport... À cause de la lourdeur de certaines femmes, les avions étaient déséquilibrés et avaient une fâcheuse tendance à tourner en rond. Ils épuisaient tout le carburant, et finissaient par piquer du nez et s'écraser !!

N'oublie jamais que derrière chaque photo que tu regardes en braillant, Fiston, il y a sûrement une histoire de chicane.

3. Le célibataire « m'as rester pur au cas »

Même si ta blonde t'a laissé, tu ne veux pas parler aux autres filles. Tu ne veux même pas les regarder ; tu veux rester propre pour prouver à ton ex que tu l'attends... Fiston ! S'il n'y a plus rien à elle dans l'appartement et qu'elle ne retourne plus tes appels depuis un mois... elle est sûrement en train de baiser un inconnu dans les toilettes d'un bar (les madame aussi traversent des passes louches une fois qu'elles redeviennent célibataires). DÉCROCHE.

4. Le célibataire fâché

C'est ce que tu deviendras si tu n'acceptes pas la rupture. Tu vas essayer de zigner n'importe qui parmi les amies de ton ex pour que ça vienne à ses oreilles, tu vas publier des photos de toi avec tes nouvelles conquêtes sur les réseaux sociaux, tu vas faire des signes de *devil* avec tes doigts comme si tu étais le bad boy de la couchette. Ton seul et unique but sera de faire chier ton ex. Fiston ! Ceux qui commettent ces actes oublient que les gens de leur entourage les regardent aller et les trouvent pathétiques. ARRÊTE. Tu ne trouveras pas le bonheur en couchant avec 25 filles la même semaine. Tu seras juste plus malheureux, et probablement que ce sera à cause de 25 filles au lieu d'une seule.

Mais le célibat d'après-rupture ne dure pas toute la vie. Peu à peu, tu te transformeras tranquillement en célibataire qui est bien tout seul. Tu diras à tout le monde que tu te retrouves, que tu t'occupes de toi, que ça fait donc du bien d'aller au gym, de sortir, de voir des amis : c'est la période « Eat Pray Love ». Tu auras une fois de temps en temps des one-night sans importance, mais pas trop souvent... Tu ne voudras surtout pas t'accrocher ! Tu vas même avoir des amis ou amies qui servent juste à ça. Les gens polis appellent ça des « amis modernes ». Moi, j'appelle ça une « madame coucou ». La madame coucou te texte à trois heures du matin, à la fermeture des bars, pour savoir si tu désires aller faire dodo chez elle. La vérité, c'est que toi aussi, tu vas avoir passé cette veillée-là à texter plein de filles comme un désespéré... On ne se le cachera pas : la madame coucou te texte parce qu'elle n'a rien trouvé de mieux.

Après un temps, tu passeras de « Eat Pray Love » à « je suis libre, j'couche avec qui je veux ». Tu vas devenir une charogne qui ne dort pas souvent dans son propre lit. Tu as été le plan A de ton ex ; désormais, tu es le plan-cul d'une fille qui sortira jamais avec toi. C'est généralement durant cette période que les gars se retrouvent pris avec, pour aborder sobrement la question, des problèmes de « punaises de lit »... Si ça t'arrive, arrête de gratter. Va-t'en à la clinique, ça presse !

Et quelques mois plus tard, tu réaliseras que le célibat a fait son temps. Ça te manque, de dormir en cuillère avec quelqu'un qui ne sent pas le Jack Daniel's, quelqu'un que tu aimes pour vrai... Alors tu essayeras de « dater » plein de gens. Ça ne fonctionnera pas. Tu vas te mettre à courir après l'amour... Mais surtout, tu seras amoureux du concept de l'amour. Tu te rempliras le crâne de déni. Tu tenteras probablement de te matcher avec des folles en leur cherchant des bons côtés pour te justifier.

Tu vas débuzzer, et tes amis essayeront de te mettre en couple avec du monde pas rapport. Quand tes amis te disent : « J'pourrais te présenter une de mes amies, vous matcheriez FUUUULL bien ensemble », cours, Fiston,

cours ! Dans leur tête, deux célibataires qui se rencontrent n'ont pas le choix de s'accoupler et de former une famille, ils sont tous deux CÉLIBATAIRES, ÇA VEUT DONC DIRE QU'ILS VONT S'AIMER ! Comme si c'était le seul critère ! Tu te tanneras de sortir dans les bars, mais tu iras quand même en espérant rencontrer la femme de ta vie. (Sache, mon fils, que l'amour véritable ne sent pas la sambuca et les nettoyants industriels.) À chaque party de Noël, il y aura une matante pour te dire :
— Ben voyons donc, comment ça qu'une belle personne comme toi n'a pas encore rencontré l'amour !?

Souris bêtement et prends une autre bouchée de tourtière. Rien d'autre à faire. À la Saint-Valentin, les décorations de cœurs et de *love* qui envahissent les endroits publics te rappelleront combien tu es FUCKING tout seul. Tu voudras vomir sur le bonheur des autres, kicker des berceaux et tirer les cheveux des petits vieux qui se bécotent dans ta face pour te ramener dans les dents que, eux, ça fait soixante-dix-huit ans qu'ils sont mariés (les osties !!). Durant l'été, tous tes amis partiront en vacances... en couple. Toi, tu resteras tout seul à sortir dans les bars et à ramasser des déprimées comme toi, ou des *over* enthousiastes qui te raconteront comment Katimavik les a changées.

Mon fils, la vérité, c'est que tu cherches trop. C'est cliché, mais c'est vrai. Ne cherche pas et tu trouveras. C'est comme ça qu'ils ont découvert les antibiotiques, l'Amérique et l'idée de mettre des chips dans un hamburger (c'est foutrement bon). Et c'est comme ça que tu rencontrera l'âme sœur.

P.-S. : Un moment donné, tu rencontreras une fille. Il va comme y avoir de quoi dans ses yeux que les autres n'ont pas... Ça va te faire chaud dans le ventre. La conversation va être facile, le sexe sera sublime et tu réaliseras... qu'elle se fout de toi et baise plein de monde ces temps-ci parce qu'elle vient tout juste de se faire domper. Tu n'étais qu'un *rebound. Sorry.*

37. LE GYM

242

Un jour, en te regardant dans le miroir, tu vas constater que tu as une shape de poire sans l'avantage d'avoir l'air santé. Tu voudras faire un selfie et tu ne sauras pas quel angle prendre avec ton cellulaire pour dissimuler le double menton qui te pend en dessous de la face. Tu auras poussé le déni jusqu'à te dire que des chips, c'est des patates, et que des patates, c'est des légumes, et qu'écouter la télé, c'est comme faire de la méditation puisqu'on est assis... Faque tu t'es convaincu toi-même, effoiré devant la télé à te bourrer la face, que tu « méditais » en mangeant des « légumes ».

Alors, tu réaliseras qu'il est temps de faire quelque chose. « Il faut que je me remette en shape ! » que tu te diras. Mais la réalité, Fiston, c'est que tu n'as JAMAIS été en shape... Va t'entraîner, gros jambon ! Je ne te parle pas de te tuer pour correspondre aux standards de beauté imposés par notre belle société contemporaine pis de devenir mannequin de boxers ! Mais va te mettre en forme, gros tas, tu dépasses le tolérable dans le rayon des totons de monsieur. Pas normal, quand c'est rendu que tu peux te sauver d'un ticket de vitesse parce que t'es capable de te faire une craque !

Au gym, tout commence avec l'évaluation. Des agents de la culpabilité évaluent ta santé physique. Ils te font essayer de toucher tes orteils sans voir de points noirs, entre autres tortures. Et si tu transpires, ils te regarderont comme de la marde... Ça tombe bien, c'est comme ça que tu te sens anyways. Est-ce que c'est de la sueur ou des larmes qui coulent sur tes joues ? C'est les deux. ACTIVE-TOI !

Tu retournes chez vous à pied parce que t'es FULL motivé à perdre du poids. Tu te fais des *playlists* de gym, tu t'achètes tout un kit : sac, gourde, cossin pour strapper ton iPhone sur ton bras, petite serviette, espadrilles avec un bon support, shorts avec un bon support, chandail qui respire. Tu ne sais pas ce que ça veut dire exactement, mais tu sais que c'est CRISSEMENT IMPORTANT, un chandail qui respire ! Pis assure-toi qu'il respire mieux que toi. Petit truc : achète-toi toujours du linge de gym trop serré, tu vas voir que tu vas être tellement gêné de le porter que tu vas te grouiller à maigrir.

Tu commences donc à te rendre au gym le plus régulièrement possible pour câlisser ta sueur sur le monde autour, qui te regarde croche quand tu traverses la salle pour prendre une gorgée à l'abreuvoir. Tu visionnes des vidéos de motivation sur YouTube. Tu veux faire le même *training* que The Rock ! Tu te tapes des émissions de télé de gros qui essaient de maigrir en les jugeant, la main plongée dans le sac de galettes de riz au cheddar, et en calculant combien 32 galettes contiennent de calories. Tu es MOTIVÉ! Pendant deux mois, tu fais chier ton entourage en répétant que le sport, c'est la vie, que tu dors mieux, que tu as plus d'énergie, et en faisant des calls déplacés sur le fait que ta libido est dans le tapis.

Tu es maintenant le dude à l'aise de se promener à poil devant tout le monde dans le vestiaire, celui qui se fait ventiler les attributs en dessous du séchoir à mains. Tu te rases dans le sauna en respirant fort. Tu sors du gym avec tes cheveux humides d'après-douche de sportif, et tu marches le dos bien droit en direction de chez vous, où tu t'en vas te faire un shake d'après-entraînement, avec le sentiment du devoir accompli à part de ça. Tu vas au gym deux, trois, quatre fois semaine, tu spottes les habitués, et tu es fier, astheure, quand ils te saluent en chemin vers l'abreuvoir.

Tu fais connaissance avec ce que j'appelle les *masters*. Eux autres, ils sont là TOUT LE TEMPS! Ils ont même des ti-gants coupés pour bencher en criant fort. Tu te demandes : « Mais qu'est-ce qu'ils font dans la vie pour avoir autant de temps libre pour aller au gym?! » Très important : ne leur pose jamais la question. Le vide va s'installer dans leurs yeux. Et si tu regardes de full proche, tu verras même un petit avion promotionnel traverser leurs iris en traînant une banderole sur laquelle il sera écrit : « J'ai pas de vie pis je compense en venant icitte. »

Le temps passe. Tu es rendu au stade où tu salues le *staff* en entrant. Les agents de la culpabilité sont tes amis et viennent te jaser pendant que tu fais de l'elliptique. Vous discutez de musculation et de repas protéinés. Tu es dans la clique, Fiston! Tu pousses la patente en t'inscrivant à des courses thématiques du genre « garroche-moi des briques pendant que je sprinte sur un parcours de gladiateur ».

Et puis, un matin, tu te lèves... pour réaliser qu'elle est partie. Celle qui faisait en sorte que beau temps mauvais temps, tu allais t'entraîner. Elle t'a largué, Fiston : madame la motivation a remballé ses affaires. Elle t'a cocufié avec ta volonté pis elles ont foutu le camp ensemble. Tu n'iras plus au gym. Bientôt, tu vas recommencer à manger des «légumes» sel et vinaigre en méditant chez vous... Tu vas continuer d'écouter les émissions de gros, mais cette fois-ci, ce sera par compassion. En pensant peut-être t'y inscrire un jour.

C'est comme ça que ça se passe au gym. C'est une roue qui tourne. Chaque année, tu vas croire que la motivation est de retour. Elle reviendra pour cinq ou dix minutes, le temps que tu payes ton abonnement. *Ad vitam œternam.*

38.
VIEILLIR

FISTON

—

VIEILLIR

Quand on vieillit, le premier réflexe, c'est de refuser de se l'admettre. Tu vas commencer par utiliser des phrases faussement réconfortantes du genre : « Ah, 40 ans, c'est le nouveau 30 ans... » Tu vas te mettre à travailler dix fois plus fort sur ta peignure pour camoufler le fait qu'il te reste de moins en moins de cheveux... Tu chercheras même secrètement sur Internet des informations sur la microgreffe et, oui, tu vas naïvement l'acheter, le shampoing spécial qui fait supposément repousser les cheveux. Tu vas dépenser une fortune en vêtements super tendance pis en musique à la mode pour t'auto-envoyer le message que t'es encore dans le coup.

Tu iras dans des partys où tu seras le seul qui veut vraiment parler avec des êtres humains — les plus jeunes seront tous occupés à pitonner sur leur cellulaire.
— Y a quinze vingt ans, moi pis ma blonde, on s'envoyait des mots faits avec des chiffres sur nos pagets. Genre 713705, à l'envers, c'est Soleil. On était des vrais fous !

Quand tu vas finalement te rendre compte que tes cheveux ne repousseront pas, que les plus jeunes te trouvent pathétique avec tes anecdotes d'une autre époque, que tu as mal au dos sans avoir forcé, que tes conversations tournent autour de tes RÉER, que t'es pus capable d'être dans un bar parce que tu trouves que la musique est trop forte... ben, tu resteras de plus en plus chez vous (y a tellement de bons programmes à tévé). Tu comprendras alors que tu vieillis réellement et qu'il n'y a rien à faire. C'est normal de se sentir dépassé, de ne pas comprendre les plus jeunes... Il faut accepter que le monde de demain, c'est eux. Toi, à leurs yeux, tu n'es dorénavant qu'un figurant de la société.

La résignation va commencer à faire son chemin, mais tu résisteras tout de même un peu. Tu raseras tes cheveux pour dissimuler ta calvitie. Tu auras des érections à 90 degrés. Fini l'époque où tu étais dur comme de la brique et où le boutte te collait au nombril tellement elle tenait drette. Tu commenceras à apprécier les joies d'un lit bien fait. Tes mottes de p'tit poil laitte en dessous des omoplates te feront chier, mais elles ne t'empêcheront pas de te mettre en costume de bain. Tu ne seras même pas gêné de t'acheter un *trimmer* à poils de nez... et d'oreilles.

Un conseil en passant : fais attention à ton corps quand tu es jeune... même si ce n'est pas la mode. Fais-moi confiance là-dessus. Moi, je fais partie de la génération 1990 qui trippait sur la musique grunge, se faisait des plombs au couteau et mangeait des Pizza Pochettes en trip de bouffe. La génération qui a suivi trippait sur le gym et les *energy drinks*... Je peux-tu te dire que mon look de tout croche et mes bourrelets de mangeux de Pizza Pochettes ont mal vieilli ?!

À un certain moment, tu accepteras l'évolution. Fini les brosses. Tu vas juste t'acheter de la bière de microbrasseries. Fini les clopes, tu vas fumer des cigarettes électroniques. Tu vas trouver des poils blancs dans ta barbe, pis tu vas les laisser là... tu trouveras que ça te donne un look d'écrivain. V'là dix ans, ça te faisait drôle quand tes chums parlaient d'avoir des kids. Maintenant, ça te donne des chatouillements de gosses quand tes chums parlent de vasectomie...

Les hommes ne sont pas les seuls à vieillir, évidemment. Les madames aussi vieillissent, mais elles, ça leur va bien. Elles ont des crèmes pis tout plein de produits pour les conserver. Nous, les monsieurs, c'est ben rare qu'on est cute avec nos couronnes pis nos problèmes de diabète. Alors, si tu ne veux pas vieillir en solitaire, mon fils, je te recommande d'apprendre jeune à être très, très charmant...

39. TON CONVEN-TUM

Conventum, mot latin signifiant « revoir du monde dont je me câlisse ».

Tsé, la clique de filles qui, à ton école, ramassait de l'argent pour le voyage de groupe à New York et pour l'album des finissants ? Elles n'ont toujours pas de vie aujourd'hui. Et par un beau matin, dix ans après la fin du secondaire, elles vont décider de se structurer comme le FBI et de retracer TOUS les anciens de votre école. Toi et les autres, elles vont vous appeler, vous harceler, vous gosser, vous MENACER presque pour que vous alliez au conventum. C'est le genre de filles qui vivent dans le passé. Et c'est normal qu'elles soient nostalgiques, parce que la dernière chose qu'elles ont réussie, c'est leur secondaire. Elles sont tombées enceintes pendant qu'elles étaient au cégep, et ces jours-ci, elles s'appellent à longueur de journée pour parler de leurs enfants pis organiser un foutu conventum.

Ton premier réflexe, ça sera sûrement de ne pas vouloir y aller. C'est correct. Mais en dedans de toi, il y aura quand même une petite voix qui va te dire : « Envoye, vas-y, tu vas voir ce qu'est devenu le gars qui nous volait nos frites et gardait son argent de lunch pour se payer du pot. » Tu seras aussi curieux de savoir ce qu'est devenu le frais chié de l'école qui gagnait toujours les olympiades. Il t'a tellement écœuré dans les cours d'éduc ! Pendant des années, tu as souhaité qu'il plonge dans le pas creux d'une piscine, se pète la tête et devienne lourdement handicapé...

Et puis, tu voudras savoir comment elle a viré, la petite Sophie. C'est ça, au fond ! C'est ça que tu veux, mon homme ! C'est pour ça que tu vas aller au conventum. Parce que c'est pour ça que tout le monde va au conventum : retrouver la flamme du secondaire, la belle Sophie Blouin, encore elle. Tu te dis que « peut-être que ce coup-là », hein ? Ça n'a pas fonctionné au primaire, ça n'a pas fonctionné au secondaire, tu t'es essayé au cégep et elle t'a reviré de bord, vous vous êtes perdus de vue une fois à l'université... Tu te dis que peut-être que... Peut-être que quand vous allez vous revoir il va se passer de quoi, ce coup-là. Que peut-être que passer un avant-midi avec une grenouille dans tes culottes, c'était pas pour rien, c'était pas des efforts gaspillés... Peut-être que sans le savoir, tu l'as marquée à vie ?! Qu'elle se souvient de toi, qu'elle aura enfin envie de te jaser ! Qu'elle est aussi belle que dans le temps !...

Ben non.

C'est rendu une madame laide avec un gros *bucket* qui perd ses cheveux. Elle a une garderie dans son sous-sol et elle passe tout son temps libre à classer des cassettes VHS de Walt Disney. Il y avait la Sophie de tes souvenirs, et il y a la Sophie de la réalité...

C'est là que tu vas te dire que tu aurais dû t'écouter et refuser d'aller au conventum. Parce que le frais chié de ton école est maintenant le riche propriétaire d'une compagnie de portes et fenêtres que son père lui a léguée. Le nerd asocial a obtenu un doctorat en biologie. La belle est rendue laide pis la laide est rendue juste un petit peu plus belle... La cochonne de ton école est encore cochonne, sauf qu'elle a des bobos autour de la bouche. Pis le poteux n'est pas venu : il travaille dans un fast-food et livre du *weed* en dix-vitesses.

P.-S. : Fiston, laisse-toi jamais impressionner par la réussite des autres. L'important, ce n'est pas de réussir dans la vie. C'est de réussir sa vie.

40. LE QUÉBEC ET SES RÉGIONS

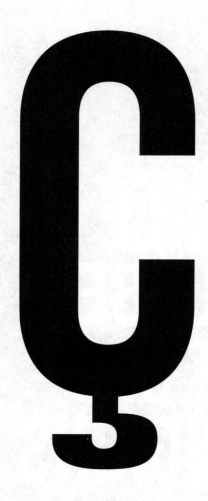

Ça se pourrait qu'à un moment donné, à l'approche des vacances, tu regardes ton compte de banque pis que tu dises :
— Heille, j'ai pas assez d'argent pour aller dans le Sud !
Ta blonde va répondre :
— Ben, on pourrait aller visiter le Québec ! C'est super beau...

Tout le monde est gentil au Québec, mon fils, et les gens des régions sont absolument charmants. C'est des endroits que je ris, non de leurs populations*.

La Gaspésie

C'est un peu comme une vieille danseuse... Ç'a déjà été beau, mais là, tout s'effondre, tout s'effrite, ça sent le poisson. Ce qu'il y a à voir là-bas? *Sweet fuck all*, à part des couchers de soleil devant une grosse roche avec un trou dedans. Pis des belles filles... Oh! Qu'elles sont jolies, les Gaspésiennes.

La Côte-Nord

La Côte-Nord, c'est la petite grosse. Faut savoir où regarder pour voir quelque chose de beau, parce que tout ce qu'il y a là-bas c'est des arbres, des arbres, des arbres... Des arbres, des arbres, des arbres, des arbres... Pis à un moment donné, si tu es chanceux, il y a une mine. C'est un peu comme un Dollarama, sauf que là-bas, on n'achète pas du stock aux Chinois, c'est les Chinois qui viennent acheter du stock pour pas cher. Mais... Ah! comme les filles sont belles!

Thetford Mines et les régions minières

Thetford Mines, ce n'est pas le paradis sur Terre. Penses-y: la seule attraction, c'est un minerai qui donne des maladies de poumons. C'est comme si tu disais à quelqu'un:
— Hey, viens donc manger chez nous, je t'invite à souper. Mais fais attention, il y a des clous rouillés qui dépassent de mes chaises.

Cependant, les filles sont très belles.

Saguenay–Lac-Saint-Jean

Si tu visites cette belle région, ne confonds jamais les gens qui viennent du Lac et ceux qui viennent du Saguenay... parce que tu vas te le faire dire. Les peuplades vont piquer ta tête sur un pieu en disant:
— On l'a eu, cet ostie-là là!

---

* Tout le monde a des défauts et des qualités, tu sais. Au Québec, on est un peu susceptibles... Faut toujours s'excuser d'avance si on s'apprête à blaster une région. Ou une politique en place. Ou le linge de quelqu'un. Ou sa mère. Ou son caniche.

Les gens du Saguenay et les gens du Lac, c'est un peu comme le Coke pis le Pepsi : y'en a de moins en moins dans les écoles.

Pis en plus, je sais pas pourquoi, mais y sont souvent dépressifs dans ce coin-là !

Mais... les filles sont très cute.

Mauricie, Montérégie, Lanaudière, Laurentides
Un genre de mélange de plein air pis de villes. Les gens de ces régions, c'est un peu comme des figurants de *Virginie*. Ça n'ira jamais plus loin que ça. Rawdon, tu ne seras jamais Shanghai...

Mais si tu voyais les filles...

Estrie et Cantons-de-l' Est
Des frais chiés qui tripent sur le plein air. On fait du wakeboard, on est amoureux des barres tendres pis des randonnées pédestres. Tu te promènes là-bas pis tout ce que tu entends c'est :
— On va tu faire un peu de bateau ? On va tu se promener en forêt ?

Même la caissière à l'épicerie va ajuster son langage à sa région :
— Avez-vous vos sacs réutilisables, ou ben vous êtes un ostie de sans-cœur qui veut scraper nos montagnes pis nos sentiers de randonnée ?

Mais y a pas que ça. Parce que la plus belle femme du monde, la mienne, vient de là !

Outaouais
C'est juste triste. C'est collé sur l'Ontario. Pis l'Ontario, c'est plate en crisse. Une chance qu'ils ont des belles filles.

40

Beauce

La région de party. Là où l'on a construit les routes en « S » parce que le monde conduit chaud. Il y a souvent une compétition entre les gens de la Beauce et ceux du Saguenay, pour déterminer qui boit le plus... En fait, c'est pas mal égal. En Beauce, ils boivent pour célébrer, pis au Saguenay, ils boivent pour oublier...

Si tu vas là-bas un jour, spotte les filles, ça vaut le coup d'œil.

Abitibi

Tu n'es pas le bienvenu en Abitibi... Woohh non. La preuve ? Faut que tu fasses huit heures de route dans un parc national où des orignaux dépressifs se suicident sur ton *hood* — c'est à croire que les Abitibiens les ont engagés exprès. L'eldorado de la mouche noire ! Le royaume de la mine. Quand tu habites dans un trou, tout ce que tu as à faire, ben... c'est d'en creuser un autre à côté de chez vous. Une chance que les filles sont belles, ça aide un peu.

Québec

C'est « spécial », la ville de Québec, parce que c'est vraiment un bel endroit... Belle architecture... Le problème, c'est le monde qui l'habite. Je m'excuse, mais la moitié du monde là-bas est smatte, et l'autre moitié chiale sur tout.
— Fuck Montréal. Fuck tout ce qui n'est pas de chez nous. Fuck les fruits. Fuck la mise en forme. Fuck les reality shows. Fuck Québecor, PKP c'est un trou de cul... sauf s'il nous donne une équipe de hockey.

Mais c'est beau pareil, Québec ! Les femmes... Ouf.

Partout où tu iras durant ta vie, je te le jure, tu vas regarder les femmes et tu les trouveras moins belles qu'au Québec. Parce qu'au Québec, on a les plus belles femmes au monde...

Montréal

Une des pires villes de la Terre !! Pas pour l'endroit, cette fois-ci, mais pour le monde. Les gens qui l'habitent sont beaucoup trop fiers de dire qu'ils sont Montréalais. Peu importe où tu vas au Québec, estie que les Montréalais te le ploguent vite, qu'ils viennent de Montréal.

C'est une fabrique à *wannabes*. À hipsters. À sportifs qui font du vélo pas de breaks dans le centre-ville. À « douchettes » qui sortent sur Saint-Laurent en talons hauts pis qui vomissent devant toi pendant que tu manges ta pizza à la fermeture des bars. À restos branchés gérés par des losers de 35 ans qui épatent des petites filles de 19 ans en montrant leurs tatouages de bad boys de cuisine. Sans compter les festivals de n'importe quoi tout le temps. Les maires corrompus. Le trafic à toute heure de la journée parce qu'il y a sûrement une manifestation quelque part. Le parking introuvable — quand tu trouves une place, ça coûte 173 piasses de l'heure. Les loyers à 2 400 piasses par mois...

Pis là, Fiston, je t'entends me dire :
— Mais papa, pourquoi on habite à Montréal ?

Parce que, crisse, c'est mieux que Laval.

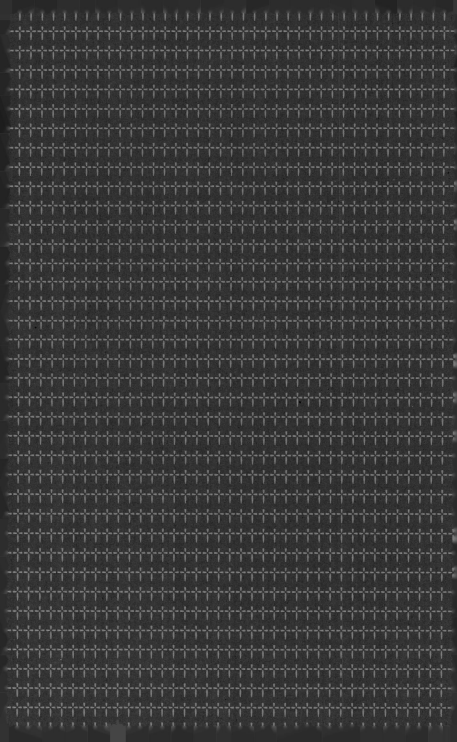

41.
BANLIEUE VERSUS VILLE

L'homme aime débattre d'enjeux importants. Par exemple, l'endroit où commence le pénis quand on le mesure avec une vieille règle en bois : En dessous ? En haut ? À partir du poil ? Moi, je dis que ça commence où tu veux. Pars du péteux si ça te tente, en autant que ça t'aide dans ta confiance ! C'est notre *push-up bra* à nous autres, les gars !

Les choses étant ce qu'elles sont, quand on manque de sujets sur lesquels s'obstiner, on gratte les fonds de

tiroirs et on s'arrange pour en trouver. Les débats auxquels tu devras faire face durant ton existence ressembleront à :
• « Mon Playstation est mieux que ton Xbox. »
• « Cet humoriste-là est allé beaucoup trop loin. »
• « La madame qui travaille dans une garderie où j'ai jamais mis les pieds porte un genre de voile pis ça me fait chier parce que le monde à' tévé me disent que c'est supposé me faire chier. »

Mais le pire... c'est quand le monde embarque dans l'éternel sujet de discorde qu'est celui de la banlieue versus la ville. Fiston, il n'y a pas de gagnants là-dedans. Juste des *suckers*.

En banlieue, le quotidien est tellement dull que les gens se mettent à développer des angoisses irrationnelles — mais ils disent tous qu'ils sont partis vivre en banlieue parce que c'est plus relaxant. Ben oui ! Te lever trois heures plus tôt et te taper une heure et demie de trafic pour arriver à ta job à Montréal à la même heure que si t'habitais sur l'île, mais avec trois heures de sommeil de moins dans le corps, c'est super relaxant ! Ces gens-là vivent une tonne de stress au quotidien. Dur d'être zen quand, tous les matins, un mongol te klaxonne après en te faisant des fuck you sur le pont !

En banlieue, les gens font parfois une fixation malsaine sur leur pelouse, qu'ils entretiennent mieux que leur mère malade qui traîne à l'hospice. Savais-tu qu'il existe genre mille sortes de gazon, toi ? Tu vois, chus déjà écœuré d'en parler.

Mais quand le bonhomme de la banlieue est fatigué de parler de pelouses, il fait quoi, tu vas me demander ?

Tellement d'affaires. Par exemple, rénover des pièces de sa maison pour absolument rien. Aller dans un des cent concessionnaires automobiles près de chez lui pour changer de V.U.S aux deux ans. Tu me demanderas :

— Ok, mais pour se détendre, il fait quoi ?

OH ! *Don't worry*, mon ami… L'homme de la banlieue n'est jamais très loin d'un Costco où il peut aller se bourrer la face dans les dégustations, prendre une boîte pour faire semblant d'être intéressé à acheter le produit et la domper trois rangées plus loin. Avant de pitcher dans son panier, avec ses gros doigts potelés, une foule d'affaires au-dessus de ses moyens… Pas grave ! Il a déjà une grosse hypothèque. C'est quoi, payer deux trois cartes de crédit de plus ?!

Fiston, sache qu'une connaissance de base en finance t'empêchera de t'endetter de 400 000 $ au taux de 23 % en pensant que c'est toi qui fourres la banque. La prochaine fois que tu vois un banlieusard de 22 ans trop heureux au volant d'une BMW de l'année, peu importe dans quelle direction il va, dis-toi qu'il a des bonnes chances d'être en train de rouler vers la faillite.

D'ailleurs, aux yeux des gens de la ville, le plus grand crime de l'homme de la banlieue, c'est qu'il se paie des bébelles plus hot. Le citadin ne l'admettra jamais, mais ce qu'il se dit, c'est : « Lui, le tabarnak, y se paie une maison pendant que moé, probablement que tout ce que je vais connaître dans ma vie, c'est un foutu de 5 et demi dans un quartier de marde. » Ça fait que pour faire passer la pillule, le gars de la ville va tenter de redorer la réputation de son quartier… même si dans un rayon de 30 secondes à pied de chez lui il y a un *crack house*, un chenil pas *legit* bourré de chiens malades pis une pute pas de dents qui montre ses boules aux chars.

L'autre affaire que va faire le gars de la ville, c'est qu'il va désespérément brandir l'argument suivant :
— On a la gastronomie, la culture, des musées, des bibliothèques, des cinémas de répertoire !!
Mon fils, que tu sois ville ou banlieue, tu peux lui répondre :

— Ouin... C'est vrai que la ville regorge de restaurants de péteux de broue où tu paie 100 $ pour un plat semi rustique servi sur une planche de bois... *By the way*, juste de même... tsé, le bois, ce matériau reconnu pour être 100 % antibactérien ?... Mais ça, c'est juste mon opinion à moi pis au dude du néolithique qui a inventé le contenant de céramique.

Pour ce qui est de la culture... désolé, mais la banlieue n'est pas vraiment assez loin de la ville pour que le gars de la banlieue la considère comme inaccessible. C'est juste que pour lui, aller en ville, c'est une FUCKING aventure à la Jurassic Park.

Dans le fond, on s'en fout royalement, d'où vivent les gens. C'est juste qu'on est faits de même, nous autres, les humains : il faut qu'on compare. Il faut qu'on juge. Je rêve du jour où on va pouvoir mettre ces niaiseries-là de côté pour marcher tous ensemble contre le véritable ennemi : les Bruins de Boston.

Pis tu vois, la compétition entre la ville et la banlieue, ça peut donner lieu à des malaises poches : des fois, les urinoirs dans les bars de Montréal sont plus hauts. Ç'a l'air que c'est cool, avoir l'impression de pisser dans un panier de basket. Si comme moi t'es pas super grand... en fait, j'ai pas de conseil à te donner. Il y a rien d'autre à faire que de laisser le monde passer devant toi en riant comme un épais et en disant :
— C'est beau, vas-y... j'attends pour la toilette.

42. LES PARTYS DE FAMILLE

Fiston, personne n'échappe aux partys de famille. Personne. Tu n'as pas le choix d'y aller, d'être fin et de toffer quand c'est plate, c'est comme ça. Pour ça, il faudra que tu te serves de tes *skills* de caméléon. C'est rare que tu vas m'entendre dire ça, mais dans ces cas-là, conforme-toi à la masse! C'est ce qui va te permettre de survivre à ces soirées remplies de speeches interminables, dont celui du gros mononcle au nez rouge plein de trous. Prépare-toi d'avance. Va sur Internet faire des recherches sur les sujets sur lesquels les membres de la

famille élargie vont discuter durant la soirée : l'immo-
bilier, l'eczéma, les régimes, les Fifth Wheels, les
recettes de mijoteuse, les rénovations, le hockey. Il faut
que tu leur donnes l'impression que tout ce qu'ils disent,
ça t'intéresse.
— Saviez-vous que le Cheese Whiz, à la base, c'est gris ?
— Ah ouin ?! Wow !

Apprends à avoir l'air intéressé même si tu t'en contrefous. Fixe la personne dans les yeux, hoche la tête et
répète le dernier mot de la phrase qu'elle vient de prononcer. Une fois que tu vas être assez fort pour faire ça,
tu vas pouvoir alimenter les interminables jasettes de
ta vieille tante qui t'aborde en disant :
— Faque là, j'ai dit à Sylvie que j'avais croisé Gilles-
Marie à l'épicerie.

Tu réponds :
— À l'épicerie ?
Elle dit :
— Eh oui ! Il était dans la rangée des p'tits biscuits secs,
là.... Il était avec Lisette qui revenait de vacances.
Tu réponds :
— De vacances ?
Elle dit :
— Ben oui, toé chose, des belles vacances à Valladero...
Tu dis :
— À Valladero ?
Elle explique :
— Valladero, c't'une petite ville de Cuba, les buffets sont
ben bons.

Et ainsi de suite. Tu peux entretenir la discussion pendant des heures et avoir l'air interessé. Et quand tu n'es
plus capable d'entendre ta tante parler, tu lances la
meilleure phrase pour t'en sortir (elle te permettra aussi
d'échapper à n'importe quelle situation) :
— C'est-tu moé ou le *Bye Bye* était décevant cette
année?

Et c'est parti ! Tout le monde a son point de vue à donner sur le *Bye Bye*, et toi tu peux continuer à manger des pretzels et les laisser s'obstiner.

Dans toutes les familles, on retrouve les mêmes *patterns*. Un cousin qui a failli jouer dans la Ligue nationale, une tante ésotérique qui t'arrête les saignement de nez par la pensée, la grand-maman assise dans sa chaise berçante, toute seule dans son coin, qui fait juste dire pendant cinq heures :
— Ah ! que c'est donc beau de voir tout le monde réuni.
Il y a toujours le mononcle à l'haleine de crème de menthe qui te parle de vente pyramidale en précisant que c'est pas de la vente pyramidale. Et il y a toujours un cousin à qui tu es content de jaser... juste cinq minutes — ensuite, plus rien à lui dire. Une cousine qui sort avec un homme plus vieux, et ça rend tout le monde mal à l'aise. Un beau-frère un peu cheap qui aime aller dans le Sud et te montrer ses photos de serviettes pliées en forme de cygne sur son lit de chambre d'hôtel. Un oncle qui vient de divorcer et qui dort chez tes parents pour un bout. Les deux personnes en chicane qui ne se parlent plus et s'éviteront toute la soirée, jusqu'à tant qu'elles soient assez saoules pour s'engueuler...

C'est de même, la famille au Québec.

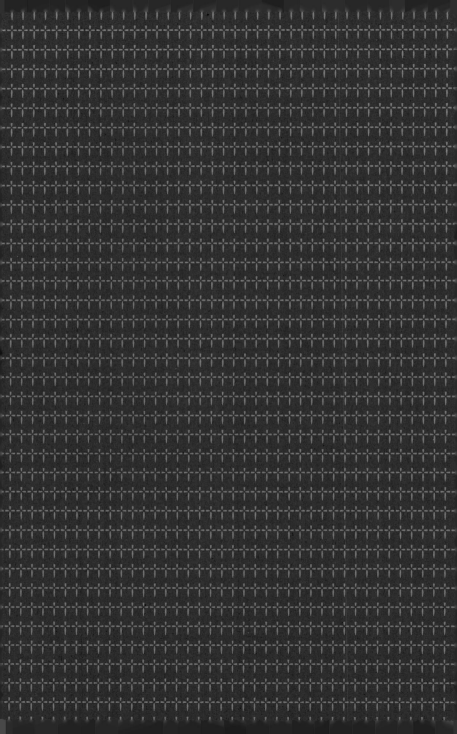

43.
PERDU
EN CHAR

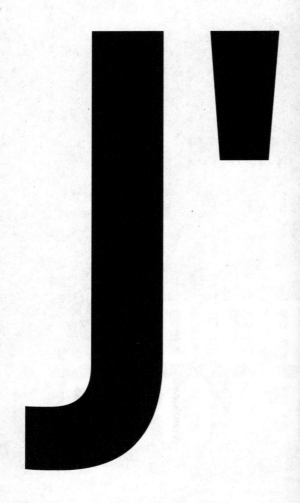

J'ose espérer que lorsque tu seras arrivé à l'âge adulte,
les chars flotteront sur des sortes de *tracks* magnétiques.
Qu'ils seront munis de chauffeurs-robots et d'une ac-
célération hallucinante. Mais fais-toi pas trop d'attentes
pareil. Nous, on nous avait promis des skates volants*...

Alors, admettons que tu es en route avec ta blonde pour
la cabane à sucre (voir plus loin mon avis sur le sujet...),

* Fuck you, *Back to the Future 2* !!!

et tu te perds en chemin parce que ton GPS vaut pas de la marde. Ne t'arrête surtout pas à une station-service ! Les commis de station-service à qui on demande son chemin font toujours exprès de parler trop vite pour être sûrs qu'on comprenne rien. Après deux indications, tu auras perdu le fil de la conversation :

— Là, tu vas tourner à gauche à la deuxième lumière, après ça tu vas dépasser la statue de ski-doo.

— Hum-hum.

— Continue tout droit sur plusieurs milles, après ça tu vas arriver à la ferme des Robidoux...

— Hum-hum.

— ... mais à gauche du chien, tu vas voir trois cochons, t'en kickes un, il en reste deux.

— Ok, hum-hum.

— Après ça, tu suis le soleil pendant à peu près une demi-heure, mais fixe-le pas sinon tu vas voir des points mauves.

— Hum-hum.

— Après ça, tu devrais voir la pancarte de l'Érablière des Michaud.

— Ah facile, merci !

Quand tu reviens dans le char, ta blonde te dit :

— Pis, c'est où ?

Et vu que tu es orgueilleux et que tu es incapable d'avouer que t'as rien compris du chemin, tu fais comme tout bon gars qui se respecte et tu mets ça sur le dos du petit commis.

— C'est un chemin de marde qu'il m'a donné, le clown ! N'importe quoi !

Tu vas te remettre en route fâché, ton char va faire un bruit de char qui recule aggressivement et partir sur le *burn*. Ensuite tu vas tourner à gauche, à droite, pogner une lumière, faire un *u-turn* fâché dans un driveway, puis baisser le son de la musique parce que, toi, tu penses que ça va t'aider à retrouver ton chemin si la musique joue moins fort.

Pis là... ta blonde va dire :

— Hey, là, il y a un gars sur le bord du chemin, demande-lui.

Tu ne voudrais pas avoir l'air épais, donc tu laisses ta blonde baisser sa fenêtre et demander le chemin. Le vieux monsieur qui prend sa marche va répondre :

— Vous n'êtes pas pantoute dans le bon bout, ma bonne dame, là ! C'est carrément à l'autre bout du village, là ! C'est à côté de la rue Fleury.

— Le commis de marde, il nous avait pas dit la rue Fleury, tantôt !

Pour un gars fâché qui est perdu en char, tout est de la marde. « Ostie de ville de marde ! Sens unique de marde. C'est dont ben de la marde ici ! »

Là, tu as un nouvel indice dans ton aventure : la rue Fleury. Et tu feras la gaffe de demander à ta douce de regarder les noms de rue. C'est comme une mission ! Elle n'a rien d'autre à faire ! Une seule responsabilité, et elle ne le fera pas comme du monde. Mais faut pas lui en vouloir : son épais de chum pogne les nerfs après tout le monde comme si la vie lui devait de quoi. Fiston, si tu es perdu en char, ce n'est pas la faute de ta blonde, ni du gars de la station-service, ni du vieux monsieur qui prend sa marche. C'est de ta faute à toi.

Cela dit, les gens qui travaillent au municipal ne sont pas tous des champions. La preuve : les panneaux à noms de rue. Le panneau fait 2 pouces de haut sur 4 pouces de long et est accroché 25 pieds dans les airs, le nom de la rue est écrit en toutes petites lettres et il ne peut être vu qu'un seul côté. Je sais de quoi je parle, je viens de la génération qui a appris à conduire sans GPS. J'ai tourné en rond souvent avant de trouver la bonne rue. C'est toujours le fun, flauber cinquante piasses de gaz à tourner en rond parce que tu ne trouves pas l'ostie de bonne rue...

En passant, si ta blonde a encore son air de cul parce que tu as gueulé dans la voiture, profites-en donc pour la ramener à la maison, pis fuck la cabane à sucre... Le sexe d'après-chicane, c'est meilleur que les oreilles de Christ.

44. LA CABANE À SUCRE

La cabane à sucre, c'est de la marde. D'abord, tu n'y vas jamais de ton plein gré. Généralement, l'idée vient d'un collègue de bureau trop motivé.

— « En caravane allons à la cabane, En caravane allons à la cabane ! »
— FARME TA YEULE !!

Parenthèse : Ne sois jamais ce gars-là. Celui qui apporte la machine à karaoké au party de bureau, s'occupe des moitié-moitié, tu sais, ce gars-là ? Tu te souviens aussi du gars qui ne baise pas ? C'est le même. Ne fais pas ça. S'il a du temps pour mettre de la vie au bureau, c'est parce que la sienne est à chier. Un gars qui arrive avec un coffre à crayons et sa boîte à lunch, on s'entend-tu que ça ne fourre pas ?! Fin de la parenthèse.

La cabane à sucre, c'est de la crosse. En fait, ils te servent l'assiette du camionneur, comme au resto, sauf qu'eux autres te crissent ça en dix-huit services étalés pendant deux heures de temps (et apportés par des serveuses débordées qu'on verra jamais, on s'entend-tu, sur Crescent pendant le Grand Prix). Rien que les patates, rien que le bacon, rien que les omelettes, rien que le jambon, rien que les saucisses, « Attends une petite demi-heure ! », « Veux-tu d'autres bines ? ». Ils font ça juste pour pas que tu te rendes compte que tout goûte la même affaire. Même marde qu'au resto, en moins bon, en plus frette pis en plus cher. Et pour être sûr que tu aies le feeling de vivre un repas d'antan, ils vont te mettre de la musique folklorique et te raconter des légendes.
— Faque Joe s'est installé dans la région en 1635. Avec ses frères, il y a bâti le village après avoir massacré une tribu iroquoise, violé leurs squaws et scalpé leurs enfants. Bon appétit !

Trente-cinq piasses pour crisser du sirop sur des plats que t'aurais pu te faire chez vous. Pis à ce prix-là, t'as pas encore fait ton tour de calèche (avec un vieux monsieur pas de dents qui t'explique son « travail » pendant que son gros cheval chie en marchant), t'es pas encore allé voir les trois quatre poules malades, t'es pas allé flatter le lama... (Qu'est-ce que ça câlisse là, un lama ? C'est une cabane à sucre ! Que c'est qu'un lama fait là ?! Il a l'air blasé, pauvre lama. Il dégage la même désillusion qu'une madame qui travaille dans une cafétéria d'école secondaire.)

Et tu n'as pas encore vécu ton climax de la journée : LA TIRE SUR LA NEIGE ! Moi, manger du sucre sur quelque chose qu'ils ont trouvé à terre... fuck off! La pelle avec laquelle ils ramassent cette neige-là, à quoi tu penses qu'elle sert le restant de l'année? Ils ramassent pas la marde de lama avec leurs mains certain!

Les propriétaires, Roger pis Ginette, ont ouvert ça il y a une quinzaine d'années, eux autres. Leur rêve, c'était d'avoir un beau *bed & breakfast* dans Charlevoix. Mais finalement, ils n'avaient pas assez d'argent, ça fait qu'ils se sont pogné un shack en bois dans le fin fond de la forêt. Pis là, ils gossent des érables. Ils font bouillir du liquide. C'est l'industrie du désespoir. Ce n'est pas des diamants, estie, c'est du jus d'arbre qui goûte funky! La cabane à sucre, c'est le seul établissement de restauration où tu n'es pas obligé d'avoir de la classe.

Faque tu passes l'après-midi dans une atmosphère de mariage cheap où les enfants courent partout sur de la musique poche du genre *Wake Up Little Suzy, Heyo Captain Jack* pis *La Macarena*. Cette belle ambiance est une gracieuseté de DJ Armand avec ses caisses de lait remplies de vinyles. Et cette journée de rêve se termine sur un concours de limbo pour gagner une coupe de cheveux gratis, pis on fait tirer des prix de présence pour te remercier d'être resté jusqu'à la fin.

Tant qu'à manger de la marde, Fiston, va donc dans un buffet chinois! Pas de danger de se perdre en chemin, pis c'est à peu près le même concept au fond : ils mettent juste de la sauce soya partout à la place du sirop.

45. LE CASH

L

Le cash, mon fils, c'est ben compliqué. Pis contradictoire. Quand t'es jeune, tu penses pas à l'argent. Tu t'imagines que tes parents sont riches et qu'ils ont toujours de l'argent, pis ça te fait chier quand ils t'achètent pas les bébelles que tu veux... Je veux pas chier dans tes céréales, mais ça, au cours de ta vie, ça changera pour le pire. Tu vas devenir un jeune parent endetté qui doit dealer avec des enfants gossants qui pensent qu'il a de l'argent à l'infini dans son porte-feuille. Et ce qui est ironique là-dedans, c'est qu'une fois adulte, en cas de pépin, tu vas te retourner vers le gouvernement et lui quêter de l'argent comme s'il avait... de l'argent à l'infini !

Fiston, je ne vais pas te mentir : j'aime le cash. TOUT LE MONDE aime le cash, sans exception. Demande à quelqu'un de pauvre ce qu'il veut le plus dans la vie ; généralement, sa réponse ne sera pas :
— Un bisou pincette pis un sac de jujubes.
Il va te dire :
— Du cash !

Parce qu'il sait très bien que c'est ça qu'il lui faut pour avoir accès à ce dont il a besoin. Un toit, de la bouffe pis de l'eau. C'est pas demain la veille que tu vas pouvoir troquer une chèvre pour une boîte de Minces aux légumes ! La vérité, ti-cul, c'est que quand t'en as pas, de cash, t'as l'impression que toute ta vie va mal. Et c'est quand t'as pas une cenne que ton char va briser. Et que tu vas loader tes cartes de crédit...

Les cartes de crédit, c'est comme des gars de *pawn shop* pas de tatouages, mais aussi crosseurs, même pire ! Les cartes de crédit et les banques sont les pires criminels de notre époque. Ne sois jamais à leur merci ! Fais du cash par toi-même. Genre, invente de quoi. Bon, pas n'importe quoi, pense pas que tu vas devenir Bill Gates parce que tu « inventes » une nouvelle recette de burger en sacrant ton restant de poutine pis une croquette dans ton cheese après avoir fumé un joint avec tes amis. Mais débrouille-toi pour gagner ta vie au lieu de l'emprunter.

Et si tes projets marchent pas, y aura toujours du monde pour essayer de te vendre la simplicité volontaire... Attrayant au début, peut-être, c'est vrai, mais tu vas voir que tu vas finir par te tanner de prétendre que t'es un anticapitaliste qui magasine dans les friperies pis qui fout rien d'autre que le tour du parc en bécique (parce que c'est gratis). Ils appellent ça la simplicité volontaire parce que ça prend bien de la volonté pour être heureux avec 12 000 $ par année. Je t'en passe un papier, mon homme, je suis passé par là. Perdre la moitié de mon char sur l'autoroute, être tellement endetté que j'en voyais pus le boutte... pis me relever.

Tu as toutes les ressources dans la vie pour réussir. Tu as la chance d'être né dans un endroit rempli d'injustices mais ça te permet de t'élever, mon fils. Deviens pas un faux riche ! Tsé, ceux avec des grosses marges de crédit ? C'est pas être riche, ça, c'est être naïf. LE CRÉDIT N'EST PAS DE LA RICHESSE ! Ne te laisse pas impressionner quand tu vois un p'tit jeune qui roule dans un camion BMW. Dis-toi que peu importe la direction qu'il emprunte, il s'en va vers la faillite.

Fais du vrai cash.

Par contre, je te le dis tout de suite, l'argent peut aussi être une source de tracas. Quand tu n'as pas d'argent, les gens autour de toi te jugent. Si tu leur empruntes du cash, automatiquement ils penseront que tu es en train de rater ta vie. À l'inverse, si tu fais de l'argent ce n'est pas mieux : ils te traiteront de frais chié.

La mentalité au Québec est ainsi faite : si tu fais du cash, tu es automatiquement le méchant qui doit porter le fardeau de la machine capitaliste sur ses épaules. Si tu es pauvre, tu es le gros B.S. qui profite du système. Si tu es dans la classe moyenne, tu te fais sucer ton cash de tout bord tout côté par le gouvernement. Fiston, j'imagine que tu l'as déjà compris à ce stade-ci du livre, mais... fais ton chemin avec ta tête, pis fous-toi donc de ce que dira le monde. C'est meilleur pour ta santé.

46. B.S. VERSUS PAUVRE

Il y a une différence entre les B.S. et les gens qui souf-
frent de pauvreté. Quelqu'un de pauvre, c'est un être
humain victime d'une malchance (souvent la dernière
d'une longue suite de malchances) qui le pousse dans
le fond du baril. Il en arrache, mais il fait des efforts
pour s'en sortir et pour prendre soin de sa famille. Le
B.S. cependant, c'est le crosseur qui fourre le système :
travaille pas, reçoit du cash du gouvernement, fait des
jobines au noir pour s'acheter une télé plasma 56 pouces

et passe ses journées à regarder des films de Vin Diesel que son beau-frère lui a gravés illégalement.

Tu comprends la différence, mon fils? Quelqu'un qui reçoit un chèque de l'aide sociale n'est pas automatiquement un B.S. La plupart du temps, c'est sûrement quelqu'un qui, temporairement, a besoin d'aide. Pour avoir habité dans un quartier plutôt trash, je peux te garantir que la différence entre pauvres et B.S. existe bel et bien.

Une mère monoparentale avec quatre enfants qui s'inscrit aux cours du soir pour devenir coiffeuse, c'est une pauvre qui en arrache, mais au moins elle essaie de s'en sortir! Un gars qui se lève à 10 heures le matin pour aller s'acheter un six-pack de bière au dépanneur et qui fait un party le mardi après-midi pour célébrer le fait qu'il vient de s'installer un drapeau du Québec avec des feuilles de pot en guise de rideau de chambre, estie, ça c'est un B.S.!

Voici, Fiston, la liste de mes préjugés de classe B.S.. À toi d'établir la tienne...

• Avoir les cheveux bleachés et un bronzage de salon de bronzage : look de B.S.
• Prononcer « hot doï, puffcorn, couvarte » : dialecte de B.S.
• Feuilleter un livre de *monster trucks* : lecture de B.S.
• Porter un t-shirt de lutte à un mariage : classe de B.S.
• Suspendre dans son salon un cadre laminé de 2Pac avec une feuille de pot en arrière-plan : goût de B.S.
• Porter des cotons ouatés avec des bulldogs musclés : branding B.S.
• Attendre ses 18 ans pour célébrer son accessibilité à l'aide sociale : B.S.
• Aller au centre d'achats avec une chemise de manga ouverte pour montrer la bedaine, se jouer dans le nombril, boire à même un deux litres d'orangeade et dire « Ostie que c'est beau icitte » : B.S.

P.-S. : J'ai l'air de juger, mais si c'était pas d'eux autres, qui est-ce qui les mangerait, les peanuts barbecue dans les machines à 25 cennes au garage ?!

47. LES RÉNOS

C'

C'est samedi matin. Tu es chill. Tu prends ça relax. Tu manges tes toasts. Tu lis ton journal. Tu as eu une dure semaine... Tu te dis : « Hey, peut-être bien qu'en fin de semaine, je vais aller me louer un film, m'acheter de la bière, prendre ça relax... » Oh que non ! Parce que ta blonde, elle, elle a un projet. Et ta blonde, ça aussi tu le sais déjà, ben elle pense pas comme toi.

Je t'explique. Un gars va se dire : « Je vais finir toutes mes affaires, pis après ça je vais avoir du temps libre pour rien faire. » La madame, elle, c'est : « Je vais finir toutes mes affaires, pis après ça je vais avoir du temps libre pour faire d'autres affaires. » Jamais de break !

Parce qu'une fille, ça a toujours un projet. Et quel qu'il soit, elle ne t'en parlera pas tant que tu ne seras pas relax, bien peinard, assis à chiller le samedi matin. Là, elle va arriver et te dire :

— Bon, on les fait-tu, nos rénos, là ?

Tu n'auras pas le choix de dire oui. Parce que si tu dis non, ta blonde va te répondre :

— C'est beau. C'est correct. Toujours moi qui fais tout ici de toute manière.

Tu vas te sentir mal... Tu ne voudras pas la laisser aller à la quincaillerie toute seule pogner des affaires trop lourdes pour elle. Tu sais très bien en plus qu'elle ne pourra pas rien acheter parce qu'elle ne sait pas comme gadger la grosseur de la valise du char. La majorité des filles obstinent leur chum que la grosse bibliothèque qu'elles veulent acheter peut entrer dans le coffre arrière, et c'est nous, les clowns, qui devons forcer comme des caves pour (essayer de) tout faire rentrer, et qui finissons par rouler sur l'autoroute avec un meuble qui dépasse de trois pieds du char.

Elle a les idées, et toi, tu forces ! Parce que dans la tête de ta blonde, tu es une source inépuisable d'énergie. S'il y a quelque chose de pesant à tasser, t'inquiète qu'elle va te le demander. Je ne sais pas pourquoi elles persistent à nous demander de l'aide ; ma génération, on n'est pas tant manuels que ça. J'imagine qu'avec la tienne, ça va être pire.

Mais tu essayeras, Fiston, de faire plaisir à ta blonde. C'est ça qui arrivera.

Tu vas gosser, tu vas pogner les nerfs, tu vas sacrer... à un moment donné, elle va pogner les nerfs parce qu'elle sera exaspérée de t'entendre sacrer.

— Heille, as-tu fini de sacrer après du *presswood* ?! Laisse faire, c'est beau, c'est correct. On va appeler mon père.

Tu ne veux pas que le bonhomme débarque ! OH NON ! Tu auras l'air d'un con, mon homme !!

Ton beau-père va arriver en pick-up, débarquer son coffre à outils super hot avec des petites roulettes et le rouler jusqu'à la scène de crime : tes rénos à moitié commencées. Il va sortir un niveau, des équerres, des outils dont tu ne connais même pas le nom. Le bonhomme, là, il a un « senser » à mâlitude... Il va le voir dans tes yeux que tu ne catches rien à la patente. Il va te mettre « responsable du tape à mesurer », toi, pauvre homme faible, le beau sans-dessein qui prend les mesures. Pis même ça, tu en seras incapable. Tu comprends rien. Tu te sens épais, même avec un tape à mesurer. Le beau-père parle en jargon — un huitième de ci, un pis trois quarts de telle affaire. Toi, tout ce que tu connais, c'est les foutus centimètres !

Qu'est-ce qui va arriver ? Tu seras désigné pour aller chercher le lunch pour la gang. Tu vas te sentir comme de la marde dans ton char avec tes petites boîtes de poulet pour tout le monde. Tes seules responsabilités de la journée : cuisse ou poitrine !

Non seulement tu as perdu ta journée de congé et tu ne peux pas jouer au Xbox tranquille, mais ta virilité vient de manger un sale coup dans les gosses...

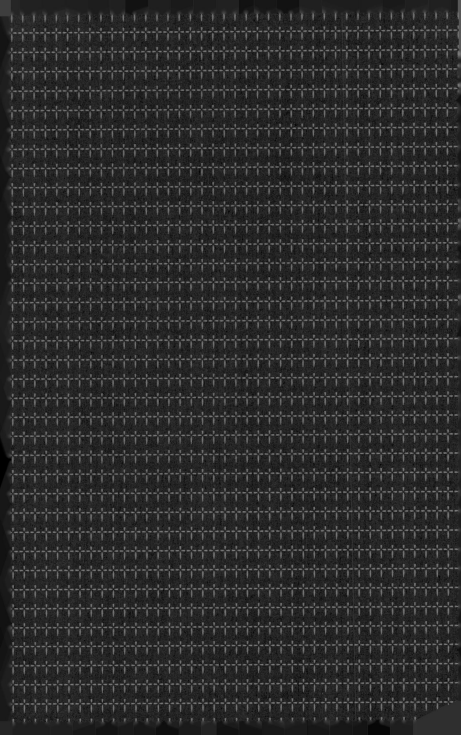

48. LES CONNAIS-SANCES

Dans la vie, Fiston, parmi les milliers de personnes que tu vas rencontrer, il y a des gens que tu marqueras davantage qu'eux t'auront marqué. À un moment donné, tu les croiseras au centre d'achats et tu n'auras aucun souvenir d'eux. Mais eux, ils te reconnaîtront, et te feront la jasette comme si vous étiez des amis proches depuis des années. Ils t'aborderont chez Walmart avec une phrase un peu baveuse du genre :
— Hey Roberge ! Tu commences à caler, c'est pour ça que tu portes une casquette ?

Après dix minutes de discussion, cette phrase tournera encore en boucle entre tes deux oreilles : « Mais tu es qui, toé, crisse ? Ta face me dit de quoi, mais... aucune idée d'où je te connais ! » Et quand tu t'en rendras compte, il sera déjà trop tard. Tu ne pourras pas lui demander qui il est, car lui semble avoir plein de souvenirs avec toi, des souvenirs plus que flous qui te disent rien pantoute. Tu es fait.

Tu es fait quand il commence à dire des affaires comme :
— Ouais, nous autres, on vient de se faire construire dans le coin... Mon père a eu le cancer... Ma petite dernière a commencé l'école.

Et là, il va te poser la fameuse question :
— Pis toé ? Quoi de neuf depuis la dernière fois qu'on s'est vus ?

Dans ta tête tu hurleras : « Quoi de neuf ? Quoi de neuf ?! Quoi de neuf... Je me rappelle même pas la première fois que je t'ai vu, je le sais-tu, moé, c'est quand la dernière fois qu'on s'est vus !! » Alors tu vas répondre ce que tout le monde répond dans ces circonstances :
— Pas grand chose. Occupé à la job... la routine... Tu sais comment c'est...

Pis c'est là, entre l'allée des sets de patio pis les grosses boîtes de trois DVD pour 10 piastres, qu'il te dit, en montrant sa blonde :
— On est venus s'acheter du stock pour notre pergola.
Tu réponds :
— Wow ! Ben... bonne pergola !
Pis tu décrisses avant qu'ils te disent :
— On devrait s'organiser un souper, comme dans le temps, là, avec toute la petite gang !

Hurlement dans tête : « Dans le temps de quoi ?!! JE TE CONNAIS PAS !!! »

Quand quelqu'un t'approche pour te jaser, que tu sais que tu lui as déjà vu la face mais que tu te souviens pas de son nom, tu as juste à faire :

— Euhh... c'est quoi donc, ton nom, à toi ?
— Ben là crisse, Roberge, tu me niaises... c'est J-F !
— Je le sais ! Ton nom de famille, je veux dire !?
— Pouliot !
— C'est ça !! Avec les boys, l'autre fois, on parlait de toi pis on se disait : « Qu'est-ce qu'il est devenu, J-F Pouliot ? »

Tu te rappelleras pas plus de lui, mais y aura l'impression que tu l'as replacé.

Ne te sens pas mal de ne pas reconnaître tous les gens qui te jaseront. Toi aussi, tu as déjà été le cave qui a salué une vieille connaissance, pendant que le dude, dans sa tête, se disait : « C'est qui, donc, ce moron-là ? »

48.

EN CONCLUSION

Je suis de l'époque où la statue de la Liberté troque sa torche pour un *energy drink* et les petits gros courent sur des tapis roulants en regardant des pubs de fast-food. De la génération qui encourage l'utilisation des contenants recyclables, mais qui met son café équitable dans des sacs réutilisables faits par des enfants de 4 ans en Asie. De la génération où les filles te demandent de les respecter en portant des chemises transparentes à travers desquelles ont voit clairement leur brassière en déclarant : « Heille, regarde ailleurs, je ne suis pas un morceau de viande. »

La paresse intellectuelle a gagné notre race et ma génération est maintenant séparée en deux. La première partie scrape tout en se foutant du futur et la seconde passe son temps à chialer contre la première. Pis, pendant ce temps-là, il n'y a personne qui essaie de trouver des solutions pour régler les vrais problèmes. Tu vas grandir dans une société qui se dit heureuse, mais qui pose rarement les gestes pour l'être, à part t'envoyer des chaînes de courriels avec des couchers de soleil format PowerPoint.

Les grandes personnes vont passer leur temps à dire : « Heille, profite de la vie ! ». Quand tu vas le faire, ils vont te reprocher d'être irresponsable pis de passer plus de temps à t'amuser que de travailler. Ils vont te dire d'être toi-même, mais ils vont te reprocher ta différence si tu l'es vraiment. Ils vont te dire d'aimer ton prochain, mais ils vont passer leur temps à blaster leur entourage devant toi. Ils vont te dire d'être tolérant, mais ils vont te demander de baisser le ton si vous riez trop fort.

Beaucoup de gens chialent contre l'argent. Mais le vrai problème, je ne pense pas que c'est le cash, c'est vraiment l'être humain. Sois riche Fiston. C'est correct de faire du cash. L'important c'est comment tu fais ton argent pis ce que tu en fais.

N'oublie jamais que la femme est égale à l'homme. Hey ti-cul, je te souhaite vraiment de trouver la femme de ta vie. Respecte-la, aime-la, pis rocke-la ! Parce qu'une fille aussi ça apprécie une bonne baise une fois de temps en temps. Ne laisse personne (même moi) te dire quoi faire, quoi penser. Ne laisse personne (même moi) te dire que tu n'es pas capable de faire quelque chose.

Parce que dans la vie mon fils, on ne dit pas qu'on n'est pas capable. On dit qu'on a de la difficulté.

Je crois en toi pis je t'aime Fiston !

P.-S. : Quand tu vas être au primaire, tu vas avoir hâte d'être au secondaire. Rendu au secondaire, tu vas avoir hâte d'être rendu à l'université. Rendu à l'université, tu vas avoir hâte d'être rendu sur le marché du travail. Rendu sur le marché du travail, tu vas avoir hâte d'être rendu à ta retraite. Pis rendu à ta retraite, tu vas te dire : « Ostie que j'étais bien au primaire ! »

Fiston, le meilleur conseil que je peux te donner c'est : profite du moment présent. Et parlant de ça, tiens, j'arrête pour l'instant d'écrire des livres, pis j'm'en viens jouer avec toi.

REMERCIEMENTS

Ce que tu tiens entre tes mains ne serait possible sans l'aide de Jésus. Pas vrai pentoute ! Jésus n'a RIEN à voir là-dedans ! Mon livre existerait quand même et ça, grâce aux gens que je remercie ici. C'est eux qui m'ont aidé à réaliser ce rêve.

Merci aux trois gars qui m'ont aidé à construire des phrases funkys dans les web-épisodes de la série Fiston : Mathieu Genest, Pierre-Bruno Rivard et Martin Félip.

Si Wolverine avait baisé avec un Ewok ça aurait physiquement donné l'auteur Mathieu Genest, un homme à qui on a envie de pincer les joues, donner des câlins et lui dire que ses jeans sont trop serrés. Si John Cusack tombait dans la coke et ne mangeait pas pendant quatre ans, il serait le frère jumeau de Pierre-Bruno Rivard. Merci de m'avoir aidé à structurer mon humour juvénile ! Merci aussi au Pauly Shore d'Ahuntsic et à Martin Félip qui n'est pas ponctuel, mais qui pond des maudits bons gags.

Merci les gars pour les fous rires durant les réunions ainsi qu'à la chanson *Rebel Rebel* de Jimmy Cliff, qui nous a permis d'aller à la salle de bain en conservant une intimité sonore dans ce petit appartement d'Hochelag.

Merci à David Gagné pour les nombreuses heures de montage. Un jour, je te ferai le cadeau d'un hélicoptère, mais genre un hélicoptère comme dans les films de guerre du Vietnam, de quoi de *badass*, comme un CH47 Chinook... Tsé ceux faits sur le long avec deux hélices. Un jour on va faire des films ensemble !

Merci à mon gérant Stéphane Fortin, un gars qui a la gueule d'un acteur de la série américaine *General Hospital*, l'intelligence d'un joueur d'échecs, la finesse d'une ballerine russe et le sens des affaires comme Michael Corleone dans le *Parrain 2* (les gens disent que le *Parrain 2* n'est pas le meilleur, mais reste que Michael est vraiment brillant dans celui-là).

Merci aux fans de la série ! Au moment où j'écris ces mots, nous en sommes à 15 millions de visionnements. MERCI MERCI MERCI ! Grâce à vous j'ai payé mon loyer, j'ai nourri mon enfant pis j'ai pu me payer de la drogue dure ! Je vous aime.

La blague des drogues dures est fausse. Les fans m'ont appris à tout justifier sur Internet, merci !

Merci à la gang de chez VLB ! Merci pour les verres de vin durant les 5 à 7 qui se terminent en 5 à 3 heures du matin. Merci à Martin Balthazar et à Myriam pour l'encadrement.

Merci à ma douce, mon amour, ma belle Lea. Je t'aime. Merci pour ta patience et pour les lunchs du petit. Toi tu coupes des crudités ! Pis moi, j'oublie toujours les crudités. Sans moi, le rejeton ne mangerait que des Ficello dans son lunch. Il serait heureux, mais vraiment gros.

Merci à Véronique Marcotte, sans toi ce livre n'existerait clairement pas. Tu m'as pris la main et l'a délicatement déposée sur ton sexe. NON CE N'EST PAS VRAI ! Tu m'as appris à bien écrire, à prendre du recul. Tu m'as pris la main et l'a guidée sur la feuille lors de l'écriture. Tu as fait de moi un gars qui a envie d'écrire des livres. Merci beaucoup (signe de peace de côté comme les rappeurs).

Je réserve le plus gros MERCI pour mon fiston Xavier, celui qui a fait de moi un homme, un père, un gars qui est dorénavant toujours un peu inquiet à savoir si sa progéniture est correcte. Si ce n'était pas de toi, je serais sûrement encore dans un pays louche avec un packsac sur le dos en train de faire le party. Merci d'avoir scrappé ma liberté ! Je déconne, tu m'as inspiré cette série, ce projet. Je t'aime et je voudrais te garder petit encore longtemps pour que jamais tu ne claques la porte de ta chambre parce que je ne veux pas te prêter le char. Je veux aussi que tu restes petit pour que tu me regardes encore longtemps avec admiration. Ce livre est rempli de conseils de merde pour faire rire... Le seul vrai conseil que je veux vraiment que tu suives est : reste pour toujours un enfant. Être un adulte ce n'est pas si amusant.

Cet ouvrage composé en Franziska OT Regular et en Bebas Neue Regular, a été achevé d'imprimer au Québec sur les presses de Marquis Imprimeur en janvier deux mille dix-sept pour le compte de VLB éditeur.